Lecciones de Aristóteles

John Sellars

Lecciones de Aristóteles

Comprender al mayor filósofo de todos los tiempos

Traducción de Abraham Gragera

taurus

Papel certificado por el Forest Stewardship Council®

MIXTO
Papel | Apoyando la silvicultura responsable
FSC® C117695

Penguin Random House Grupo Editorial

Título original: *Aristotle. Understanding the World's Greatest Philosopher*

Primera edición: febrero de 2024

Printed in Spain – Impreso en España

ISBN: 978-84-306-2650-2
Depósito legal: B-20.265-2023

Compuesto en Arca Edinet, S. L.
Impreso en Unigraf
Móstoles (Madrid)

TA 2 6 5 0 2

ÍNDICE

Para Richard

INTRODUCCIÓN

En 1996, comenzaron las obras del nuevo Museo de Arte Moderno de Atenas. Se había conseguido un emplazamiento ideal, cerca del Parlamento Helénico, junto al Museo Bizantino y Cristiano y al otro lado de la calle donde se encuentra el Museo de Arte Cicládico. I. M. Pei, arquitecto de renombre internacional, fue el encargado de diseñar el edificio. Cuando empezaron los trabajos para acondicionar el terreno, se convocó a un equipo de arqueólogos para que estudiaran y evaluaran todo lo que pudiera salir a la luz con las excavaciones. En una ciudad como Atenas, las probabilidades de hallar objetos interesantes son siempre bastante altas. Pero nadie se esperaba lo que allí encontraron. A primera vista, lo que desenterraron no era nada especial: los cimientos de un patio rectangular rodeado, en tres de sus lados, por paseos porticados, con algunas estancias más pequeñas detrás. El tamaño y la disposición de los edificios eran muy similares a los restos del gimnasio de la Academia, uno de los tres que existieron extramuros de la antigua ciudad de Atenas. El nuevo yacimiento, situado justo al este de la ciudad antigua, no tardó en identificarse como el lugar donde se alzaba el

Liceo, a juzgar por las descripciones de varios escritores de la Antigüedad. Todos los planes para el museo se suspendieron y se dejó el yacimiento a la vista. En la actualidad, está abierto al público.

En Atenas, como en muchas ciudades históricas de Europa, es habitual que casi todas las obras de construcción saquen a la luz capas arqueológicas importantes. Aun así, no todas se dejan al descubierto. ¿Por qué se consideró esta tan especial? En uno de los paneles informativos del yacimiento se dice: «Debido a la escasez de los restos arqueológicos del yacimiento, cuesta ser conscientes de que nos encontramos ante uno de los lugares más significativos de la historia de la humanidad». Y es que el Liceo no era solo un gimnasio, un lugar consagrado al ejercicio físico, sino también la sede de la escuela filosófica de Aristóteles, uno de los más grandes pensadores que han existido jamás. Era aquí donde Aristóteles, en los últimos años de su vida, se reunía con pensadores de ideas afines y con sus discípulos para reflexionar sobre una abrumadora variedad de temas, desde cuestiones filosóficas abstractas, o el estudio del mundo natural y los fundamentos de la lógica, hasta retórica, teatro, política y mucho más. Allí, en el Liceo, vivían absortos en la indagación intelectual, en la vida de la mente.

Aristóteles habla, en una de sus obras, del inmenso placer que puede obtenerse de este tipo de investigaciones; salta a la vista que amaba lo que hacía. Sin embargo, no era el placer el único motivo por el que dedicaba su vida a ello. Para él, la búsqueda del conocimiento, la investigación, era la actividad más elevada que podía realizar el ser humano, y sostenía que es algo a lo que todos deberíamos dedicarnos, al menos de vez en cuando. En su *Protréptico. Una exhortación a la filosofía* —una obra temprana de la que se conservan únicamente unos cuantos fragmentos— no solo afirma esto, sino también que la filosofía es el único camino hacia una vida plena y feliz. En su opinión, una vida desprovista de este tipo de actividad intelectual apenas merece la pena vivirse. Porque la filosofía es una manifestación de nuestra curiosidad natural en tanto que seres humanos y, en consecuencia, si la descuidamos, la vida que vivamos no será propiamente humana. Aunque a pocos de nosotros nos haya sido dado alcanzar las alturas intelectuales de Aristóteles, la mayoría nos paramos de vez en cuando a pensar en las grandes cuestiones, como en qué consiste la verdadera felicidad o qué es lo más importante en la vida. Muchos nos maravillamos ante la belleza y complejidad del mundo natural, aunque solo sea a través de los documentales de la televisión. Pero, pese a que lo hagamos así, de esta forma tan modesta, estamos participando en la misma actividad que realizaban Aristóteles y sus compañeros del Liceo hace casi dos mil quinientos años.

Desde aquel entonces, las ideas y conceptos de Aristóteles han ido impregnando nuestra forma natural de pensar hasta hacerse imperceptibles. Sus trabajos sobre los animales de la isla de Lesbos y otros lugares a mediados del siglo IV a. C. sentaron las bases de la biología y, junto con sus vastas reflexiones sobre la naturaleza del conocimiento, de todas las ciencias empíricas. También fue el primero en estudiar las estructuras del pensamiento racional, lo que dio pie a que inventara, durante el proceso, la lógica formal y a que articulara por primera vez principios lógicos clave, como la ley del medio excluido: cualquier proposición solo puede ser verdadera o falsa. Esta división binaria es la idea fundamental sobre la que se asienta el mundo digital en el que vivimos cada vez más hoy en día. Su examen de los distintos tipos de organización política y de las constituciones de las ciudades antiguas inauguró la disciplina de las ciencias políticas. Su análisis del drama griego estableció los elementos básicos para que una narración funcionara; unas ideas y preceptos que siguen teniendo en cuenta los guionistas de Hollywood de la actualidad.

La influencia de Aristóteles ha sido inmensa: no solo moldeó la filosofía y la ciencia a lo largo de la Edad Media en las tradiciones griega, siriaca, árabe, hebrea y latina, sino que sigue determinando de forma indirecta nuestro modo actual de pensar y de vivir. Su reputación ha sufrido altibajos a lo largo de los años, algo inevitable. Cuando los filósofos y teólogos de la Europa latina redescubrieron un gran número de sus obras en los siglos XII y XIII a través de traducciones del árabe y del griego, se lo consideró un radical peligroso y la Iglesia no tardó en condenar muchas de sus ideas. Pero cuando, unos siglos más tarde, estas ideas se acomodaron a la teología cristiana y el estudio de sus obras se convirtió en el pilar de la educación universitaria, pasó a ser considerado una figura de autoridad poderosa, asfixiante, que sofocaba la libre investigación y frenaba el auge de la ciencia moderna. Los críticos más perspicaces se dieron cuenta, sin embargo, de que el problema radicaba en la excesiva devoción que los aristotélicos de la época rendían a las palabras de Aristóteles, más que en el propio Aristóteles. Aun así, aquella imagen del filósofo como figura de una autoridad descomunal no ha desaparecido del todo. No ayuda a ello el hecho de que muchas de sus obras resulten, a veces, difíciles de leer. Como dijo uno de sus traductores: «Aristóteles es conciso, espeso, áspero, sus argumentos están muy condensados y su pensamiento destaca por su densidad». No es de extrañar que los lectores que se acerquen a él por primera vez se sientan intimidados.

Sin embargo, sería una lástima que esto impidiera a la gente intentar aprender más sobre unas ideas que han demostrado ser tan influyentes. En mi opinión, todos deberíamos aspirar a saber al menos algo de ellas y de la forma en que han moldeado lo que pensamos hoy sobre las cosas. Esto no quiere decir que debamos comulgar sin más con todo lo que Aristóteles dijo y convertirnos en aristotélicos de pura cepa. Sería un logro muy poco aristotélico, por otro lado. No era la intención del filósofo que aceptáramos sus ideas como un cuerpo fijo de conocimientos. Muchas de las afirmaciones que hace son provisionales; son tentativas y están abiertas, por tanto, a la crítica y sujetas a rechazo si aparecen nuevas pruebas que las refuten. A veces aborda el mismo problema más de una vez, dando respuestas en apariencia contradictorias. Todo ello demuestra que Aristóteles no era un pensador dogmático y que sus obras no conforman necesariamente un sistema integral y monolítico, aunque sea tan fácil verlo así. No era un rígido constructor de sistemas, sino un investigador, un hombre que perseguía el conocimiento, una mente inquieta en busca de respuestas a todas las preguntas imaginables.

El gran maestro de Aristóteles, Platón, lo apodó «la Mente», por su impresionante intelecto, siempre hambriento de conocimientos. La expresión «la vida de la mente» tiene, pues, un doble significado: puede referirse a la vida del propio Aristóteles, «la Mente», y puede referirse también al tipo de vida que este llevó, consagrada a la búsqueda del conocimiento. En este libro, en el que seguiremos la trayectoria vital del filósofo y exploraremos algunas de las ideas más importantes de su obra, nos familiarizaremos con ambos aspectos. Aristóteles escribió mucho y es imposible detenernos aquí en todas sus obras; aquellas en las que sí lo hagamos no podremos estudiarlas tampoco con la profundidad que merecen. Así pues, lo que haremos entonces será parecido a una cata, una degustación de una muestra que nos permita imaginar quién fue realmente Aristóteles y cuál es la magnitud del impacto que ha ejercido en nuestra forma de pensar sobre nosotros mismos y sobre lo que nos rodea. Una de las ideas fundamentales sobre la que volveremos con insistencia es que también nosotros deberíamos abrazar «la vida de la mente», al menos de vez en cuando. Como veremos, este es el único modo, según Aristóteles, de disfrutar de una existencia rica y significativa. Para su concepción de lo que implica ser humano, esto es crucial, pues solo quien hace un uso pleno de su capacidad de comprender —insiste el filósofo— está verdaderamente vivo.

CAPÍTULO 1
LA VIDA CONTEMPLATIVA

«Todos los seres humanos desean, por naturaleza, conocer». Así comienza el libro *Metafísica*, de Aristóteles, con la afirmación categórica de lo que, para el filósofo, era una de nuestras características definitorias: todos somos curiosos por naturaleza. De niños, nos preguntamos continuamente «¿por qué?», y de adultos cultivamos nuestras propias pasiones, que nos llevan a acumular grandes cantidades de información, a menudo inútil, sobre cualquier cosa que sea de nuestro interés, ya se trate de coleccionar sellos, de la historia familiar, los resultados del fútbol, la observación de aves, etc. ¿Por qué lo hacemos? La respuesta de Aristóteles es sencilla: es lo natural en el ser humano. No podemos evitar ser curiosos. No lo hacemos con ningún propósito o utilidad; simplemente lo hacemos. Ser humano es querer saber cosas. No solo para almacenar un montón de información inútil, sino para utilizar esa información con el fin de ayudarnos a *comprender* el mundo que nos rodea.

La *Metafísica* no es una obra unitaria y coherente, sino una colección de catorce textos más breves a los que se suele denominar «libros». Es probable que cada uno de estos antiguos libros correspondiera al contenido de un único rollo de papiro. Es posible también que algunos de ellos se basaran en las notas que preparaba el propio Aristóteles para sus lecciones, es decir, que no estuvieran destinados a la publicación. Según la tradición, tras la muerte de Aristóteles, sus apuntes de clase pasaron a su discípulo Teofrasto y este se los dejó a su alumno Neleo, quien a su vez se los legó a un pariente que no tenía mucho interés por la filosofía. Se guardaron en un túnel subterráneo, con el fin, tal vez, de mantenerlos ocultos de los funcionarios que buscaban libros para aprovisionar la recién fundada biblioteca de Pérgamo. Al cabo de un siglo, más o menos, estos manuscritos, cubiertos de moho, volvieron a ver la luz del día cuando uno de los descendientes de Neleo se los vendió a un coleccionista de libros llamado Apelicón de Teos. Apelicón los hizo copiar, restaurando las partes dañadas de los textos e introduciendo probablemente todo tipo de corrupciones durante el proceso. Tras la muerte de Apelicón, se dice que el general romano Sila los llevó de Atenas a Roma en el siglo I a.C., donde fueron copiados de nuevo, ordenados y preparados para su publicación. Un conjunto de textos que trataban cuestiones sobre el mundo natural se agrupó bajo el título de *Física*, y otro grupo que trataba temas más fundamentales sobre la naturaleza de las cosas se colocó «después de la Física», *meta ta Physica*, y así adquirió el título de *Metafísica*. La palabra «metafísica» no se refiere, por tanto, a nada sobrenatural o que esté más allá de lo físico; Aristóteles tampoco utilizó nunca ese término. Él llamó a los temas que estudia en la *Metafísica* «filosofía primera», es decir, el estudio de las características generales y de los fundamentos de todo lo que existe. En muchos sentidos, se trata de las preguntas más importantes que podemos llegar a hacernos, porque se aplican absolutamente a todo.

Aristóteles comenzó a reflexionar sobre este tipo de cuestiones cuando estudiaba en la Academia de Platón. Había nacido en Estagira, una ciudad del norte de Grecia, en el año 384 a. C. Su padre, que era médico, según parece, murió cuando el filósofo tenía unos diez años. A raíz de ello, Aristóteles quedó bajo la protección de un tutor, Proxeno, que había estudiado en la Academia. Y a los diecisiete o dieciocho años fue enviado a Atenas para hacer lo mismo. No sabemos si Proxeno inspiró a su joven discípulo a seguir este camino con sus historias sobre la vida intelectual ateniense, o si lo enviaron sin más, sin tener en cuenta sus propios deseos.

Aristóteles pasó veinte años en la Academia. Situada al noroeste de la antigua ciudad de Atenas, la Academia era el gimnasio donde Platón enseñó durante muchos años, un lugar relativamente tranquilo y apartado, alejado del Ágora, el mercado del centro de Atenas donde el propio maestro de Platón, Sócrates, acostumbraba a mantener sus discusiones filosóficas. Sócrates fue acusado, juzgado y ejecutado por las autoridades atenienses a causa de sus problemáticas preguntas; no es de extrañar, por tanto, que Platón optara por filosofar en un lugar más discreto. La Academia fue, en sus orígenes, un espacio dedicado al culto religioso y se había convertido en uno destinado al entrenamiento atlético, por lo que ya funcionaba, en cierto sentido, como un centro de educación. Con el tiempo, Platón adquirió una propiedad cerca del gimnasio de la Academia, que se convirtió en la base de operaciones de lo que hoy denominamos «Academia de Platón». Es probable que Aristóteles llegara por aquel entonces.

Durante ese periodo, Platón se sumergió profundamente en cuestiones metafísicas y escribió, entre otras cosas, su diálogo *Parménides*. Esta obra lleva el nombre de un filósofo que puede considerarse con justicia el padre fundador de la metafísica. Parménides procedía de la ciudad de Elea, en el sur de Italia. Platón había pasado un tiempo en las ciudades griegas del sur de Italia y de Sicilia, donde se familiarizó con las ideas de Parménides y de Pitágoras, entre otros. De hecho, acababa de regresar a Atenas de un viaje a Sicilia cuando compró su propiedad en la Academia y acogió al adolescente Aristóteles como nuevo alumno. El diálogo *Parménides* está ambientado en el pasado y, en él, Platón traza la semblanza de un anciano Parménides que visita Atenas con motivo de un festival y conoce al joven Sócrates. No sabemos si tal encuentro tuvo lugar (o si fue, desde un punto de vista cronológico, posible). En la discusión que sigue, el personaje de Platón, Parménides, expone sus propios puntos de vista sobre la naturaleza de lo que existe, puntos de vista que el verdadero Parménides había esbozado y defendido en un poema.

¿Qué decía Parménides en este poema? Es un texto desafiante y difícil de interpretar, pero se trata, en efecto, de una reflexión sobre lo que significa que algo *sea*, o lo que significa decir que algo *es*. En él, el filósofo de Elea escribe, de forma enigmática, que «lo que es no puede no ser». Esto es, por supuesto, una tautología: si algo *es*, no puede también *no ser*. Pero Parménides no nos dice qué es eso que *es*. Y añade a continuación que «lo que *no es* no es posible que *sea*». En otras palabras, que lo que *no es* es imposible. ¿Cómo podría encontrarse algo que no es? Incluso si fuera posible, ¿cómo describirlo? Al fin y al cabo, se trataría de algo que no existe, que no está ahí. Hay, pues, una división tajante entre lo que *es* y lo que *no es*. Lo que es debe existir necesariamente, porque «no puede no ser», mientras que lo que *no es* es imposible. Aunque uno piense en algo irreal —por ejemplo, un unicornio—, estará pensando en *algo* que existe al menos como objeto de su pensamiento. Si no existiera, ¿cómo podría uno pensar en ello? Así pues, lo que *es* —sea lo que sea— necesariamente es y lo que *no es* es imposible, o lo que es lo mismo: literalmente inconcebible. Si lo que *no es* es imposible, entonces todo debe entrar en la categoría de lo que *es* y, por tanto, todo ha de existir necesariamente.

Así comienza la metafísica, con esta reflexión en extremo abstracta sobre lo que significa decir que algo *es*. El poema de Parménides es el escrito filosófico de cierta extensión más antiguo que se conserva; el más antiguo que no se limita solo a afirmar cosas, sino que también las argumenta. En él se expone lo siguiente: en primer lugar, lo que *es* (o existe) no puede ser creado y es indestructible. Ha de serlo, pues de lo contrario tendría que surgir forzosamente de lo que *no es*. Sin embargo, como ya hemos visto, lo que *no es* es imposible. Además, ¿cómo podría surgir algo de lo que *no es*?

¿Qué podría dar lugar a esta creación *ex nihilo*? Debe de existir, al menos, alguna causa que desencadenara este acontecimiento milagroso. Así pues, lo que *es* (o existe) no solo existe necesariamente, sino que ha existido siempre: nunca fue creado y nunca se destruirá. (Si se destruyese, estaríamos ante lo que *no es*, algo que, según Parménides, como ya hemos visto, es imposible). En segundo lugar, lo que *es* (o existe) constituye una sola cosa, una unidad. No puede haber más de una cosa que exista, porque para distinguir una de otra tendría que existir lo «que no es» (la inexistencia) entre ellas. Sin embargo, lo que *no es* es imposible, por lo que esto carece de sentido. En tercer lugar, si lo que *es* (o existe) es una entidad única y unificada —es decir, que *es* igual en toda su extensión—, entonces no puede haber cambios en su interior. Ninguna parte puede cambiar (pasar a la no existencia) de modo que, como ya hemos visto, todo ha existido eternamente. Sobre la base de este análisis, Parménides parece haber llegado a la conclusión de que, para que algo exista en términos absolutos, debe ser eterno e inmutable. La consecuencia más inquietante que se deriva de esto es que el mundo de variedad, pluralidad y cambio con el que todos estamos familiarizados ha de tratarse, en realidad, de una ilusión, porque lo que de verdad existe es esta entidad única, inmutable y eterna, una entidad que solo podemos comprender reflexionando sobre lo que significa decir que algo *es*. Nuestro modo de desvelar la verdad sobre lo que existe no pasa, pues, por nuestros sentidos, sino por la razón.

Estas reflexiones sobre la naturaleza del ser influyeron profundamente en Platón y marcaron los debates de la Academia. En la misma época en que Parménides escribía su poema en Elea, otro filósofo, al otro lado del Mediterráneo, hacía afirmaciones muy diferentes, pero no menos importantes. Se llamaba Heráclito y procedía de la ciudad de Éfeso, en Asia Menor. A diferencia de Parménides, que sostenía que, en última instancia, nada cambia realmente, Heráclito afirmaba que *todo* está en continuo proceso de transformación, que nada es igual un instante y al siguiente. Fue él quien dijo que «nadie puede bañarse dos veces en el mismo río». El propio Platón citó este dicho en otro de sus diálogos, el *Crátilo*. Crátilo fue uno de sus maestros. Había sido discípulo de Heráclito y llevó hasta el extremo la filosofía de este. Sostenía, según Platón, que, si todo está en continuo cambio, tal como afirmaba Heráclito, entonces nada es igual un instante y al siguiente. Si esto es así, ¿es posible afirmar algo sobre algo? ¿Podemos fijar algo el tiempo suficiente para determinar lo que es? Y, si pudiéramos hacerlo, ¿no se habrá transformado ya en otra cosa cuando intentemos decir algo sobre ello? Si Heráclito tenía razón y todo cambia sin cesar, ¿podemos llegar a saber algo alguna vez? Y, lo que es más perturbador aún, ¿tiene sentido *decir* algo? Según cuenta Aristóteles en la *Metafísica*, Crátilo no pensaba y renunció por completo a hablar; se limitaba a mover uno de sus dedos. Si Heráclito afirmó que es imposible bañarse dos veces en el mismo río, porque el agua siempre está cambiando, Crátilo creía que es imposible bañarse en el mismo río ni siquiera una vez, porque, en última instancia, no hay ningún río.

Estas dos influencias tan distintas fueron las que moldearon la metafísica platónica. Sin embargo, a pesar de sus diferencias, apuntaban en la misma dirección. La interpretación que había hecho Crátilo de la filosofía de Heráclito negaba que fuera posible tener un conocimiento fiable del siempre cambiante mundo natural, porque no podemos fijarlo durante el tiempo suficiente para comprenderlo. Parménides ofreció entonces una salida a ese enigma argumentando que es a través de la razón, y no de los sentidos, como podemos llegar a conocer lo que realmente existe, que es inmutable y eterno. Basándose en estas ideas, Platón desarrolló su célebre teoría de las formas ideales. En varios de sus diálogos, postuló que los objetos con que nos encontramos en el cambiante mundo físico no son más que copias de formas ideales más perfectas e inmutables. Estas formas son eternas, encarnan muchas de las características que Parménides asociaba con la existencia y sortean las conclusiones de Crátilo sobre la imposibilidad de que se dé el conocimiento. Como no cambian, pueden llegar a conocerse con seguridad. Cada vez que nos encontramos con una entidad particular, por ejemplo, un caballo, lo reconocemos como tal porque de alguna manera participa de la idea o del concepto de «caballo» o de «caballitud». Y no solo eso, para que reconozcamos a un caballo concreto como tal es necesario que esa idea esté ya en nosotros, es decir, debemos haber encontrado ya la idea de lo que es un caballo antes de empezar a experimentar el mundo. Esto llevó a Platón a afirmar que nuestras almas, antes de unirse a nuestros cuerpos, debían de haber tenido algún tipo de encuentro incorpóreo con las formas ideales de las cosas.

Suena descabellado, pero lo cierto es que Platón planteó esta hipótesis sin darla por sentada, poniéndola en boca de los personajes de sus diálogos en lugar de afirmarla con su propia voz. En la mayor parte de los casos, es Sócrates quien presenta esta teoría de las formas ideales en calidad de portavoz de Platón. En otros diálogos, sin embargo, Platón escribió cosas que parecen contradecir rotundamente esas afirmaciones, y en ninguno tanto como en el *Parménides*, obra que llevó a cabo hacia el final de su vida. En este diálogo, es el gran Parménides quien toma el protagonismo para explicarle a un joven Sócrates todos los problemas a los que se enfrenta dicha teoría. Desde un punto de vista dramático, el asunto es complejo: ¿debemos pensar, tras leer el *Parménides*, que Sócrates conocía desde el principio los problemas a los que se enfrentaba la teoría, dado que su maestro se los explicó en su juventud? ¿O creer que Sócrates encontró en su madurez la manera de superar estas objeciones? Entre los problemas que plantea Parménides —aunque, por supuesto, el que habla es Platón— está el siguiente: ¿en qué sentido pueden participar los objetos particulares como los caballos de la idea de «caballitud»? ¿Hay un poco de la forma ideal del caballo en todos y cada uno de los caballos vivos? Si es así, eso significa que la idea se ha dividido y reside en múltiples ubicaciones espaciales a la vez. Pero ¿cómo puede una idea inmaterial hacer eso? Otro tipo de problema es el que plantea, por ejemplo, el concepto de grandeza. Cualquier cosa grande participará, de algún modo, de la idea de grandeza. ¿Significa eso que hay una pequeña parte de la idea de grandeza en cada cosa grande? Pero ¿cómo puede haber una pequeña parte de algo como la grandeza? Las objeciones se multiplican y ponen en tela de juicio la coherencia de la hipótesis de las formas ideales. Lo que no debe olvidarse, sin embargo, es que es el propio Platón quien plantea estas objeciones. Tras proponer, de manera provisional, una solución a una serie de complejos problemas metafísicos somete esa solución, en el *Parménides*, a un riguroso examen.

Uno de los argumentos más interesantes y conocidos del *Parménides* contra las formas ideales se conoce como «el argumento del tercer hombre», según el cual una de las cosas que se supone que explica la teoría es el hecho de que múltiples objetos compartan las mismas características. La forma ideal del caballo está por encima de todos los especímenes particulares de caballos, ya que es el punto de referencia para explicar sus semejanzas. Pero, como objeta Platón a través de Parménides, sería necesaria otra forma ideal de caballo para explicar lo que tienen en común los caballos particulares y la primera forma ideal, y así sucesivamente hasta el infinito. Este argumento no aparece solo en el *Parménides* platónico. También se encuentra en los fragmentos de una obra temprana de Aristóteles titulada *Sobre las ideas*, y que escribió, quizá, cuando aún era estudiante en la Academia. El ejemplo que utiliza Aristóteles es la forma ideal del hombre. Si hay una pluralidad de hombres individuales y una forma ideal de hombre para explicar lo que esos hombres tienen en común, entonces se necesitará un tercer hombre para explicar lo que tienen en común los hombres individuales y la forma ideal, y un cuarto, y un quinto, y así sucesivamente.

Cabe preguntarse a quién se le ocurrió primero esta objeción, si a Platón o a Aristóteles. Ni el *Parménides* platónico ni el aristotélico *Sobre las ideas* pueden fecharse con precisión, por lo que es imposible saberlo con certeza. ¿Fue Aristóteles el brillante y precoz discípulo que demolió la valiosa teoría de su maestro? ¿La escribió él primero, para que más tarde Platón la cuestionara? En el *Parménides*, Platón menciona varias veces a un Aristóteles, aunque, como el diálogo está ambientado en el siglo anterior, está claro que no se refiere a nuestro Aristóteles. Pero ¿podría, quizá, tratarse de un guiño al joven y brillante estudiante que formuló algunas de las objeciones del diálogo? Imposible saberlo.

Todo lo que hemos visto hasta ahora nos da una idea del clima intelectual de la Academia en la época en que Aristóteles era estudiante. No cabe duda de que los debates sobre estas cuestiones tan abstractas, relativas a lo que realmente existe, lo que es posible conocer y lo que significa decir que algo *es*, debieron de ser muy enérgicos. Los intentos anteriores de Platón de responder a estas cuestiones fueron sometidos a un examen y a una crítica minuciosos. Si Aristóteles no era el joven genio precoz que desmanteló la teoría más famosa de su maestro, debió de contribuir, cuando menos, a los debates colectivos, dirigidos por Platón, en los que los miembros de la Academia abordaban estas complejas cuestiones metafísicas.

El propio planteamiento de Aristóteles acerca de este tipo de cuestiones en su *Metafísica* puede verse como una lucha continua con las ideas de Platón. Aristóteles criticó con dureza a su antiguo maestro y, al mismo tiempo, se sintió profundamente influido por él. En su libro abundan los ataques extensos a la teoría de las formas ideales de Platón, junto con críticas a todos sus predecesores filosóficos. Pero Aristóteles no se limita a definir su proyecto en oposición a otros, sino que plantea sus propias preguntas.

En la *Metafísica*, afirma que le interesa, ante todo, el estudio del ser «en cuanto ser». En el caso del caballo, podemos pensar en él en tanto que caballo, en tanto que animal, como ejemplar de ser vivo o simplemente como algo que existe. ¿Qué es algo cuando se entiende simplemente en términos de su *ser algo*? Pareciera que esto tiene algo en común con la forma de pensar de Parménides, y así es. Pero una de las primeras cosas en las que insiste Aristóteles es en reflexionar sobre lo que significa decir que algo *es*. Como él mismo afirma, «el ser puede decirse de muchas maneras». Parménides solo lo decía de una —o algo *es* o *no es*— y por eso llegó quizá a conclusiones tan contrarias al sentido común. Según Aristóteles, debemos pensar en todas las maneras en que se puede decir que algo *es*. Por ejemplo, podemos limitarnos a decir que una bellota *es*, que es una cosa existente, un ser. La palabra griega que utilizó Aristóteles es *ousia*, que significa, literalmente, «ser». *Ousia* se ha venido traduciendo siempre como «sustancia», por lo que cualquier cosa que existe se llamará así: «sustancia». También podemos decir que una bellota es marrón.

El color marrón no es una propiedad esencial de la bellota, porque es posible concebir bellotas que no sean marrones, así que el color marrón es lo que llamaríamos una «propiedad accidental». Existe, pero de un modo distinto al de la bellota. La bellota es, en sí, una sustancia, porque existe por sí misma; el color marrón, en cambio, existe de otra manera: no es más que una característica de una sustancia. El color marrón existe solo como atributo de una sustancia, en este caso, de la bellota. Esto, en efecto, es lo contrario de lo que Platón formulaba en su teoría de las formas. Él habría argumentado que la forma ideal de lo marrón es lo que de verdad existe, junto con la forma ideal de la bellota. Las bellotas particulares serían meras copias de la forma ideal. Para Aristóteles, en cambio, son las bellotas reales las sustancias primarias, las cosas que propiamente existen.

Esta idea la desarrolla aún más nuestro filósofo en otra de sus obras, el libro de las *Categorías*. En ella distingue entre lo que denomina «sustancias primarias» y «secundarias». Las sustancias primarias son las cosas que realmente existen, como la bellota, el caballo, tú o yo. Las sustancias secundarias abarcan también las especies, como el ser humano. Las sustancias primarias —tú y yo, en tanto que seres humanos particulares— estarían dentro de la sustancia secundaria, la especie denominada «ser humano». Pertenecemos a ese grupo o tipo. Al igual que «marrón», «ser humano» es algo que podemos decir de una cosa. La razón por la que las sustancias primarias —las cosas particulares que realmente existen— son primarias es que ninguna de esas otras cosas puede existir sin ellas. Si no hubiera seres humanos, no habría una especie llamada «ser humano». Como dice Aristóteles, «si no existieran las sustancias primarias, sería imposible que existieran las demás cosas»; aquellas son, por tanto, el cimiento de estas. El color marrón no existe en abstracto; lo hace solo porque existen las cosas marrones.

Esto le da la vuelta también a la teoría de Platón. El color marrón y la especie humana no existen aparte de los ejemplos particulares a los que pertenecen. Aun así, se nos dice que el ser humano es una *sustancia* secundaria, y eso suena, al fin y al cabo, como algo sustancial, es decir, como algo que realmente existe. ¿Se trata de una influencia residual de la teoría de las formas ideales de Platón, que sigue suponiendo que el concepto de ser humano tiene algún tipo de existencia independiente? Tal vez se trate solo de un problema de traducción. La palabra «sustancia» se utiliza para traducir el *ousia*, «ser», de Aristóteles, porque a principios del siglo VI el filósofo Boecio se sirvió del término latino *substantia* para traducir *ousia* en su versión de las *Categorías* y esta se convirtió en la traducción canónica durante toda la Edad Media. Es un buen equivalente cuando se refiere a lo que Aristóteles llama «sustancias primarias», porque connota algo que subyace, un sustrato. Pero quizá sea engañosa cuando hablamos de otras cosas. Tal vez deberíamos decir que la especie humana es algo que «existe secundariamente», en lugar de decir que se trata de una «sustancia secundaria». De hecho, en un momento dado, el propio Aristóteles afirma que, en sentido estricto, solo las sustancias primarias deberían llamarse así, «sustancias», por lo que él mismo era consciente de la confusión potencial que encerraba esta terminología; lo que sugiere, también, que no se trata simplemente de un problema de traducción. Más adelante se muestra aún más categórico al afirmar que el término «sustancia» puede dar la impresión de que la especie o idea del ser humano existe como algo singular (como una forma ideal platónica), aunque se trate solo de una cualidad de los seres humanos particulares. Pero, con todo, no deja de insistir en que especies como el ser humano o el caballo, o clasificaciones más amplias como «animal» o «planta», son cosas reales. Existen de verdad. No son meras etiquetas que hemos creado al observar algunas similitudes entre objetos concretos, sino que reflejan la estructura objetiva del mundo natural. Y no solo eso, también son esenciales para comprender determinados objetos. Por ejemplo, que una persona sea alta o baja, con sobrepeso o delgada, es meramente accidental y está sujeto a cambios, mientras que el hecho de que sea un ser humano es fundamental, es su característica definitoria. No podemos entender lo que es un ser humano sin referirnos a su condición humana.

Pero volvamos a nuestra bellota, una sustancia primaria que, en tanto que tal, puede ser portadora de diversos atributos, como el color marrón. También podemos decir algo más de ella, puesto que una bellota no es solo una bellota, sino algo que puede convertirse en un roble. Es, como diría Aristóteles, un roble *en potencia*. De hecho, se podría afirmar que, si alguien quiere hacerse una idea de lo que es, en realidad, una bellota, tendrá que saber que es algo que puede convertirse en un árbol. Si no lo supiera, no tendría ni idea de lo que está delante de sus ojos, aunque pudiera ver lo que es y que es pequeña, marrón, etcétera. Por tanto, esta es otra forma de decir que algo *es*, aunque parezca un poco paradójico, porque también estamos diciendo lo que *no es*. La bellota no es un roble, al menos de momento, pero al mismo tiempo es, *en potencia*, un roble. Y no solo eso, sino que el hecho de que sea capaz de convertirse en un roble es, en cierto sentido, su característica definitoria esencial. Lo que *actualmente* no es define lo que es. He aquí una de las formas en que Aristóteles rompe con la afirmación de Parménides de que algo *es* o *no es*.

La conclusión es que algo puede ser, al menos, de tres maneras: como sustancia (la bellota), como atributo o propiedad de una sustancia (el color marrón) y como potencialidad (el roble que aún no existe). El «ser» puede decirse de muchos modos. Pero este último introduce una distinción conceptual clave en la filosofía aristotélica: la diferencia entre ser en acto y ser en potencia. Todo lo que existe es, en acto, algo y a través de un proceso de cambio es, en potencia, otra cosa. Estas potencialidades no son meras posibilidades, vagas e hipotéticas, sino que están estrechamente ligadas a la esencia de una cosa, como la bellota y el roble. (La palabra «esencia» es otra forma de traducir *ousia*, el ser o sustancia de una cosa). Pero algo puede ser en acto o en potencia en diferentes sentidos. La bellota tiene el potencial de convertirse en un árbol; es algo que puede llegar a ser en el futuro. Este es uno de los sentidos de la potencialidad. Pero ¿qué ocurre con un animal que tiene la potencialidad de moverse, aunque en ese momento esté tumbado? Si el animal se levanta y se mueve, no se convierte en algo diferente ni cambia de forma drástica. Simplemente utiliza una capacidad que tiene, la de moverse. Cuando hablamos de personas que no desarrollan su potencial, solemos emplear el término en este segundo sentido: tienen ciertas capacidades o habilidades, pero no las utilizan. Sin embargo, también lo usamos en el primer sentido, como cuando alguien advierte algo en un niño, una chispa de talento, y comenta que podría tener el potencial para convertirse en un atleta, en un músico de éxito o en lo que sea. Cuando hablamos así, estamos usando conceptos técnicos que fueron desarrollados por primera vez por Aristóteles.

Esta idea, la de utilizar una habilidad o capacidad, es también fundamental en el pensamiento de Aristóteles acerca de lo que significa ser algo. ¿Qué es un ser humano? Una criatura de cierto tamaño y forma, normalmente con dos brazos y dos piernas, etc. Pero un ser humano no es un mero objeto; es un ser vivo y un ser vivo se define por las capacidades y habilidades que posee. Son estas capacidades las que distinguen a un ser humano vivo de un cadáver, por ejemplo. Así pues, un ser humano es un ser vivo con un determinado conjunto de capacidades: las de crecer, moverse y reproducirse. Estas habilidades las compartimos con otros animales. Aunque lo que distingue al ser humano, según Aristóteles, su capacidad característica, es la razón: el ser humano es un animal racional. Su rasgo distintivo es, por tanto, la capacidad de pensar racionalmente. La gran mayoría de los humanos adultos posee esta capacidad; todos somos, podría decirse, seres pensantes en potencia. Sin embargo, solo somos de verdad seres pensantes cuando realizamos ese potencial y utilizamos esa capacidad. En resumen, ser un ser humano no es existir de manera estática, sino realizar toda una serie de actividades propias de los humanos, la más importante de las cuales es pensar.

En efecto, el «ser» se dice de muchas maneras. Y esta última, la del ser como actividad —algo que *utiliza* sus habilidades o capacidades—, está en total desacuerdo con la insistencia de Parménides y de Platón en que las únicas cosas que existen de verdad son las inmutables. Sin embargo, Aristóteles no llegó a rechazar por completo esta idea, y en su *Metafísica* se planteó qué tipo de cosas, si es que había alguna, podían ser inmutables y eternas. Algo debía de haber, pensaba. El mundo natural está repleto de cuerpos en movimiento, que crecen y se descomponen: el cambio está por todas partes. Pero la idea de que todo este movimiento comenzara de repente en algún punto, sin causa, se le antojaba absurda. Aristóteles tuvo en cuenta la afirmación de Parménides de que algo no puede surgir de la nada. Debe de haber algún tipo de causa primera que sustente todo este movimiento natural, pero no una causa primera en el sentido de ser la que ocupa el primer lugar en una larga cadena de causas y efectos, y que tendría que surgir, forzosamente, de la nada. Él pensaba en algo distinto, algo que estuviera eternamente en movimiento, una fuente de actividad siempre presente. ¿Qué podría ser? En busca de una respuesta, miró hacia arriba, al cielo. Las estrellas y los planetas giran alrededor de la Tierra (o eso pensaba él y todo el mundo en aquella época) y siguen haciéndolo de manera regular y continua. La afirmación de Aristóteles de que los cielos son eternos e inmutables no era, por tanto, una mera suposición, sino fruto de su conocimiento de los antiguos registros astronómicos de Babilonia y Egipto. Simplicio, comentarista de Aristóteles que escribió en el siglo VI d.C., afirmaba que estos registros se remontaban a más de un millón de años atrás. Aunque ahora sepamos más, Aristóteles se basaba en las mejores pruebas disponibles hasta aquel momento.

Empezamos a hacernos una idea de la intensa curiosidad de Aristóteles por este tipo de cuestiones fundamentales, una curiosidad con la que sin duda nació, pero que fue fomentada y alimentada durante su estancia en la Academia de Platón. Todos nosotros deseamos conocer por naturaleza, decía. Es natural que nos hagamos este tipo de preguntas; de hecho, forma parte de lo que nos hace ser quienes somos. Los humanos somos animales racionales y la razón es nuestra capacidad distintiva. Para ser humanos en sentido pleno, no solo debemos *tener* esta capacidad, sino, también, *utilizarla*. Y utilizarla, en su más alta acepción, significa reflexionar sobre este tipo de cuestiones metafísicas. Aristóteles desarrolló estas ideas en su *Ética a Nicómaco*, donde meditaba sobre cómo sería la vida ideal del ser humano. Las opciones que encontró fueron varias, pero solo dos parecían verosímiles. Llamaremos a la primera «vida contemplativa», es decir, una existencia dedicada a la indagación intelectual, pero que pasa por alto el hecho de que somos animales sociales con necesidades físicas. Es la vida de alguien que se pierde en especulaciones abstractas, a menudo a costa de todo lo demás. Pensemos en el profesor brillante, pero despistado, que es un experto en lo suyo y un inútil en lo que respecta a sus asuntos cotidianos, o —para ser más precisos— no muestra el más mínimo interés por semejantes trivialidades porque tiene cosas mejores en las que pensar. Este tipo de personas ha existido siempre: Platón cuenta cómo el antiguo filósofo griego Tales de Mileto (Aristóteles se refiere a él como a uno de los primeros filósofos) estaba una vez tan absorto mirando hacia arriba y estudiando las estrellas que se cayó a un pozo; una muchacha que pasaba por allí se burló de él, diciéndole que de poco le servía conocer los movimientos de los cielos si no sabía lo que había bajo sus pies. La anécdota llegó a convertirse en un tema muy popular y la historia del astrónomo despistado aparece en las *Fábulas* de Esopo.

¿Es esta realmente la mejor manera de vivir para un ser humano? Tal vez, puntualiza Aristóteles, sea algo «demasiado elevado» para nosotros. Sería la vida ideal para un ser puramente racional, un intelecto puro, pero eso no es lo que somos. Podría decirse que es la mejor forma de vida para la mejor parte de nosotros, pero quizá no es, lo que se dice, la más adecuada, en tanto que somos seres de carne y hueso. O tal vez sí, pero solo para un puñado de personas de las que conforman la sociedad, no para todos. No cabe duda de que es bueno que haya unos cuantos profesores despistados en el mundo, pero una sociedad compuesta únicamente por este tipo de personas no tardaría en desmoronarse. Aun así, era eso a lo que Aristóteles aspiraba y a lo que todos nosotros, según él, deberíamos aspirar, al menos en parte, o de vez en cuando. Reflexionar sobre estas grandes cuestiones fundamentales, pensar en la naturaleza del ser y contemplar el orden y la estructura de los cielos es propio de lo que significa ser humano. No hay actividad más elevada a la que consagrar nuestro tiempo.

CAPÍTULO 2
ESTUDIAR LA NATURALEZA

Las preguntas sobre la naturaleza del ser son las más elevadas y abstractas de cuantas podemos plantearnos. Pero, aunque Aristóteles, en efecto, consideraba este tipo de cuestiones lo máximo a lo que puede aspirar la indagación humana, también le interesaban otras innumerables cuestiones de rango inferior. Como hemos visto, su *Física* se colocó antes de la *Metafísica* cuando se recopilaron y catalogaron por primera vez sus obras, y en ella Aristóteles exploraba una amplia gama de cuestiones sobre el cambiante mundo natural. Para él, la diferencia clave entre estos dos campos de estudio es que, mientras la metafísica se ocupa de lo que *es* (es decir, de lo que no cambia), la física se ocupa de lo que *va a ser* (es decir, de lo que cambia). La física es el estudio del mundo natural, y la naturaleza es, ante todo, un conjunto de procesos. En la *Física*, Aristóteles aborda las cuestiones más básicas y fundamentales del estudio de la naturaleza, desde la causalidad, la localización y el tiempo hasta la divisibilidad y el infinito. Además de estas reflexiones generales sobre la naturaleza en su conjunto, también se interesó nuestro filósofo por los detalles acerca de su funcionamiento. En particular, en tratar de comprender a los seres vivos —los animales— porque son partes de la naturaleza que no solo se mueven y cambian, sino que son capaces de hacerlo, de moverse y de cambiar, por sí mismas. Este interés surgió en el filósofo cuando dejó la Academia.

Aristóteles llevaba veinte años en Atenas, como discípulo de la Academia, cuando Platón murió, en el 347 a.C. Fue el sobrino de este, Espeusipo, quien se hizo cargo de la institución, algo que se ha considerado, en ocasiones, un acto injusto de nepotismo, pues sin duda Aristóteles era el alumno más brillante de Platón y merecía ser su sucesor al frente de la escuela. La verdadera razón, sin embargo, podría haber tenido más que ver con la transferencia de la propiedad de los bienes. Aristóteles no era ciudadano ateniense y, por tanto, no se le permitía poseer propiedades; puede también que la familia ejerciera su presión para no perderlas. En cualquier caso, aquel era un momento propicio para que Aristóteles emprendiera su propio camino. Durante su estancia en Atenas había entablado amistad con Hermias, que estaba llamado a convertirse en el gobernante de Assos, una ciudad de la costa de Asia Menor. Aristóteles decidió seguir a Hermias hasta allí y, poco después, se casó con su sobrina, Pitias. En Assos vivió durante unos tres años; después se mudó a la cercana isla de Lesbos.

La estancia de Aristóteles en Lesbos fue crucial para su desarrollo intelectual. En la isla vivía Teofrasto, oriundo de la ciudad de Ereso, que se convertiría en su amigo y colaborador durante el resto de su vida. No está claro si Aristóteles ya conocía a Teofrasto antes de trasladarse a Lesbos. Parece ser, según algunos testimonios, que Teofrasto había pasado un tiempo en la Academia, por lo que tal vez se conocieran ya. Es posible también que formara parte del reducido grupo que dejó la Academia junto con Aristóteles y se dirigió a Assos. Tal vez fuera el propio Teofrasto quien sugirió que se marchasen a Lesbos, su antiguo hogar. O tal vez Aristóteles y él se conocieron en la isla, tras la llegada del primero. Solo podemos hacer conjeturas al respecto, pero de lo que sí estamos seguros es de que Teofrasto se convertiría en una figura clave en la vida de Aristóteles.

En Lesbos, Aristóteles se dedicó al estudio de la naturaleza y, en particular, de los animales. En la costa sur de la isla hay un gran estuario. Allí pasaba el filósofo sus días, examinando la vida marina y, según lo que se infiere de sus descripciones, dedicando parte de su tiempo a diseccionar animales. En su *Historia de los animales* dice, por ejemplo, lo siguiente:

> El cangrejo de río [...] tiene dos dientes, grandes y huecos [...] y entre ellos hay una sustancia carnosa, con forma de lengua. Después de la boca viene un esófago corto, y luego un estómago membranoso, unido al esófago, en cuyo orificio hay tres dientes [...]. Del estómago sale, en línea oblicua, un intestino, simple y de igual grosor en toda la longitud del cuerpo, que desemboca en el conducto anal.

En otra ocasión, compara el funcionamiento interno de la sepia y el pulpo, evidenciando así que examinó minuciosamente ambas criaturas. A partir de estos estudios y disecciones, Aristóteles clasificó estos animales y muchos otros más en distintos géneros y especies, y llegó a comprender el mundo animal como nadie lo había hecho antes.

Por supuesto, sus conocimientos eran limitados. En su obra *La generación de los animales*, trata de explicar la reproducción de las abejas. Comienza su relato reconociendo abiertamente que se trata de un gran enigma. No sabe, en realidad, cómo se lleva a cabo. Aun así, aborda la cuestión repasando las distintas posibilidades lógicas: que ellas mismas generen descendencia, que vayan a buscarla a otra parte o una combinación de ambas. A continuación, examina todas las formas posibles en que los distintos tipos de abejas pueden aparearse. Aunque no sabe cómo sucede, logra establecer una lista con las opciones más probables y descarta las otras. Lo más interesante, sin embargo, es su comentario final: «Los hechos no se han comprobado; si en el futuro llegan a comprobarse, habrá que dar más crédito a las pruebas directas de los sentidos que a las teorías». En algunos puntos de su obra sobre los animales, las hipótesis de Aristóteles parecen bastante descabelladas —que algunos animales se producen por generación espontánea, por ejemplo—, pero la observación final deja bastante claro que sus análisis no deben tomarse más que como conjeturas provisionales, a la espera de que una observación más profunda revele, en algún momento, la verdad.

Lo que está claro es que a Aristóteles le encantaba este trabajo, aunque a otros pudiera parecerles trivial y confuso. Al fin y al cabo, la mayoría de los filósofos que lo habían precedido no acostumbraban a pasar el tiempo merodeando por el barro y los pantanos, sino contemplando los cielos eternos y elaborando complejas teorías sobre los orígenes del cosmos. Pero Aristóteles no pedía perdón por ello: «en todas las cosas naturales hay algo maravilloso», escribió. Se regocijaba estudiando animales e insectos y le resultaba chocante que la gente dedicara tanto tiempo al estudio del arte, que producía meras representaciones de cosas naturales, pero se apartara de la belleza del propio mundo natural. Sus ambiciones como «estudioso de la naturaleza» lo abarcaban todo, desde los cielos, incluyendo también la meteorología, hasta los animales y plantas más pequeños. Nunca llegó a estudiar en detalle las plantas, pero su amigo Teofrasto asumió esa tarea, y sus obras sobre botánica están a la altura de las que escribió Aristóteles sobre zoología.

Los escritos aristotélicos sobre animales constituyen más de la cuarta parte del total de sus obras. Tenemos su *Historia de los animales*, *La generación de los animales*, *Partes de los animales*, *Movimiento de los animales* y *Marcha de los animales*. El interés de los estudiosos por estas obras es reciente. Y su importancia no deja lugar a dudas, no solo por el volumen que ocupan en la obra del filósofo, sino también porque iluminan el resto de su filosofía. Gracias al estudio de los animales, Aristóteles desarrolló su propia noción de forma, que sustituyó a las formas ideales de Platón.

Como ya hemos visto, Platón concebía las formas como entidades inmutables y de existencia independiente que funcionan como modelos para los casos particulares, que no serían sino meras sombras o copias de la forma propiamente dicha. Hay una idea inmaterial de caballo, y todo caballo que existe en el mundo físico es, en cierto sentido, una copia de ella, o participa de ella de algún modo. La relación exacta no está clara, ni siquiera para el propio Platón, que en sus diálogos trató de dilucidarla en una serie de relatos diferentes y de alcance limitado. Por el contrario, como hemos visto, para Aristóteles la forma, o la especie, del caballo existe dentro de los caballos particulares: si no hubiera caballos, no existiría una forma de caballo.

Pero ¿qué entendemos por «forma»? ¿Y en qué sentido existe una forma *dentro* de un objeto? Uno de los problemas a los que se enfrentó Platón era el de intentar comprender cómo una idea inmaterial podía estar dentro de un objeto físico, o cómo esa idea inmaterial podía estar presente en múltiples objetos físicos. En sus discusiones, Platón utilizaba dos palabras griegas, más o menos indistintamente: *idea* y *eidos*. Nuestro término «idea» procede de la misma palabra griega; el término *eidos,* por su parte, suele traducirse como «forma», en el sentido de «figura» o «apariencia» —un caballo es un caballo, y no cualquier otro animal, porque tiene forma de caballo—, pero también en el sentido de la estructura y organización de la materia que compone al caballo, tanto por dentro como por fuera. Ha de tener todas las partes necesarias en todos los lugares necesarios. Como vemos, la forma no es algo que esté en el caballo, en el sentido de un componente que cohabita junto a la materia de la que está hecho el animal, sino el modo en que dicha materia se dispone y se ordena.

Pero eso no es todo. Cuando Aristóteles diseccionaba peces en la orilla de aquel estuario, en Lesbos, y examinaba con todo detalle la estructura interna y la organización de la materia que los conformaba, era muy consciente de que esos animales estaban muertos. Carecían de algo vital, en el sentido literal de la palabra. Como él mismo observó, «un cadáver tiene la misma forma y estructura que un cuerpo vivo y, sin embargo, no es un ser humano». Así también, una mano esculpida en madera o en bronce no es una mano real, aunque compartan la misma forma. ¿Qué falta? Aristóteles subraya que un cadáver o una estatua, aunque tengan la forma de un ser humano, no pueden realizar las *funciones* de un ser humano. Es decir, no pueden hacer las cosas que hacen los humanos. (Volvemos pues a la idea de que «ser» implica actividad). Lo mismo se aplica a todas y cada una de las partes individuales de una cosa. ¿Qué es un ojo? Algo que tiene la capacidad de ver; algo cuya función es ver. El ojo de un cadáver no es realmente un ojo, porque ya no puede ver; ha perdido su función. Para Aristóteles, la noción de forma no solo engloba la figura y la estructura de una cosa, sino también, y sobre todo, su función. Es evidente que ambas están estrechamente vinculadas. Para que una cosa funcione de una manera determinada, todas sus partes deben estar dispuestas del modo adecuado. Ambas están relacionadas, insisto, pero, como podemos ver en el ejemplo del cadáver, no son idénticas. Si uno desea entender qué es un ser humano, un caballo o un pez, lo primero que debe saber es que son animales *vivos*, capaces de actuar. Tienen funciones, capacidades, habilidades.

Aunque, en cierto sentido, la concepción aristotélica de la forma se apartaba de la de Platón, no dejaba de tener mucho en común con ella. Platón también había señalado la importancia de la función en su *República*, donde sostenía que la definición de algo bueno es que cumple su función. Un buen cuchillo es el que corta; un buen ojo es el que puede ver. El verdadero objetivo de Aristóteles no era su antiguo maestro, sino otro filósofo que había ofrecido una explicación muy diferente del funcionamiento de la naturaleza: Demócrito. Al igual que Aristóteles, Demócrito procedía del norte de Grecia. Su ciudad natal, Abdera, no estaba muy lejos de la de Aristóteles, Estagira. Fue más o menos contemporáneo de Sócrates y se lo recuerda, sobre todo, por sus aportaciones a la teoría del atomismo. Según esta teoría, todo en el mundo físico está compuesto por átomos, diminutos trozos de materia indestructible e indivisible que se mueven en un vacío infinito, que chocan aleatoriamente entre sí y se adhieren los unos a los otros para conformar la realidad material, desde los objetos más pequeños hasta los más grandes que podemos ver y tocar. Según Demócrito, todo puede explicarse únicamente a partir de las evoluciones de estos pequeños fragmentos de materia. Si queremos entender qué es algo, basta con descomponerlo en sus partes constituyentes. Pero Aristóteles sabía, por su estudio de los animales en Lesbos, que esto no era cierto. Había troceado sus peces, los había desmontado y había observado con detenimiento la materia de la que estaban hechos. Tenía todas las partes delante de él. Sin embargo, eso no le decía nada sobre la verdadera naturaleza del animal en tanto que ser vivo. Tener todas las partes juntas en los lugares apropiados antes de la disección completa no le ayudaba tampoco a entender a la criatura *viva*. Para ello, era necesario comprender su función.

Aristóteles rechazaba lo que podríamos llamar «materialismo reduccionista»: la idea de que podemos explicar algo basándonos solo en sus componentes materiales. Pero también impugnaba la idea de que existiera algo más allá de las cosas físicas. Como ya hemos visto, para él, las cosas que existen de verdad son las sustancias primarias: este pez, este caballo, este ser humano. Y estas son, por así decir, una combinación de forma y de materia, aunque «combinación» suene un poco a que la forma es algún tipo de componente o parte que está junto a la materia, lo cual no es así. La visión de Aristóteles suele denominarse «hilemorfismo», un término que procede de las palabras griegas para designar la materia (*hylē*) y la forma (*morphē*). Todo lo que existe como sustancia primaria es una cosa física hecha de materia, pero la forma es la clave para entender qué es:

> Si tuviéramos que definir una cama o cualquier otro artículo similar, deberíamos esforzarnos por describir su forma más que la materia —o, en todo caso, si describiéramos la materia, habríamos de hacerlo teniendo en cuenta que pertenece al conjunto, a esa totalidad en concreto—. Por ejemplo, una cama es una forma determinada en una materia determinada o, si se quiere, una materia determinada que tiene una forma determinada, por lo que deberíamos incluir su forma y el

> modo de su forma en nuestra descripción de la misma: porque la naturaleza formal es más importante que la material.

La distinción entre la forma de la cama y la materia de la que está hecha queda bastante clara. A ello podemos añadir que la cama también tiene una función o finalidad específica —es un mueble diseñado para dormir en él— y, por tanto, la forma y la materia tienen que ser las adecuadas para ello. Al fin y al cabo, una cama que no cumple su función no es una cama. Puede que parezca una cama, sí, pero, si no se puede dormir en ella, entonces no lo es realmente. Sin embargo, el ejemplo de la cama no reviste complicaciones; al fin y al cabo, una cama es un objeto inerte. Para los materialistas reduccionistas como Demócrito, la materia que conforma todas las cosas está muerta y es inerte. Pero, si así fuera, cómo es posible que algunas cosas estén vivas. Es fácil imaginarse a Aristóteles preguntándose lo mismo mientras examinaba las partes diseccionadas de un pez. ¿Cómo es posible que cuando se juntan todos estos componentes materiales la combinación resultante sea un ser vivo que puede moverse por sí mismo? Como hemos visto, para Aristóteles, estos componentes materiales no son los componentes primarios de la naturaleza. Para él, la naturaleza está formada por sustancias primarias —peces, caballos, seres humanos— y todos estos ejemplos particulares son organismos vivos. Hay muchas cosas en el mundo natural que no están vivas —rocas, tierra y agua—, pero son los organismos vivos los que plantean el mayor desafío para cualquiera que intente comprender la naturaleza. Estas son las cosas que debemos poder explicar. El reto es, por tanto, comprender la complejidad del animal vivo, no reducirlo a un montón de polvo.

¿Qué es lo que hace que algo esté vivo? ¿Qué distingue a un ser vivo de un cadáver? Los griegos tenían una palabra para esto: *psychē*. La *psychē* es lo que anima a un ser vivo y desaparece cuando este muere. Todos los seres vivos tienen *psychē*, incluidas las plantas. Tradicionalmente se traduce como «alma». Aunque las connotaciones religiosas del término no ayuden mucho y su significado sea demasiado limitado, lo usaremos aquí también. El alma es el principio de la vida, lo que hace que las cosas estén vivas. En su obra *Partes de los animales*, Aristóteles escribió: «puede que el alma sea la forma de cualquier criatura viviente», y añadió: «cuando su alma la abandona, la criatura ya no está viva». Comprender la naturaleza del alma, por tanto, debería ser, a juicio de Aristóteles, una de las preocupaciones fundamentales de cualquier estudioso del mundo natural.

Reflexionemos un momento sobre esta idea, la de que el alma es la forma de un ser vivo. Como hemos visto antes, para Aristóteles «forma» ha de significar algo más que apariencia, estructura u organización de la materia, porque, de no ser así, no serviría para explicar la diferencia entre un ser vivo y un cadáver: las estructuras de ambos son idénticas, pero ellos son muy diferentes. ¿Qué los diferencia? Un ser vivo puede *hacer* cosas, puede utilizar sus capacidades y habilidades. La forma de un ser vivo, por tanto, debe llevar implícita esta idea, la de sus capacidades o funciones. Esto es lo que lo hace un ser vivo. Si «alma» se refiere a lo que hace que algo esté vivo —lo que distingue a un ser vivo de un cadáver—, entonces, según parece, debemos entender «alma» como un conjunto de capacidades y habilidades. Así pues, el alma de un ser vivo puede identificarse con su forma, que, tal como acabamos de ver, se define de la misma manera. Como dice Aristóteles en las primeras líneas de su obra dedicada al tema, *Acerca del alma* (que suele citarse por su título en latín, *De Anima*): «el alma es algo así como el principio primero de la vida animal».

En *De Anima*, Aristóteles parte de algunas de las preguntas que se planteó al reflexionar sobre la naturaleza del ser. Si el alma existe, ¿en qué sentido lo hace? ¿Es una cosa o una sustancia? ¿Es solo una cualidad o un atributo de otra sustancia? ¿Existe en acto o en potencia? Reflexionando sobre el tiempo que había pasado estudiando animales en Lesbos, afirma que, cuando la mayoría de la gente se hace estas preguntas, en realidad solo piensa en el alma humana. Pero a Aristóteles le interesan las almas de todos los seres vivos y la cuestión de si todos comparten el mismo tipo de alma. ¿En qué se diferencia el alma de un perro de la de un ser humano? ¿Cómo se relaciona el alma con el cuerpo? En respuesta a esta última pregunta, Aristóteles se apresura a afirmar que el alma está estrechamente ligada al cuerpo. Para empezar, nunca la encontramos separada de un cuerpo; en segundo lugar, muchas de las emociones que atribuimos al alma —la ira, el miedo, el amor— tienen un componente corporal. Nuestras vidas emocionales son intensamente físicas: nos acaloramos, nos sonrojamos, empalidecemos, nos ponemos en guardia. Eso podría llevarnos a pensar que el alma es en sí misma algo material, un componente del cuerpo que la gobierna, pero ya podemos intuir que a Aristóteles esa opción no le convencerá.

Antes vimos que establecía una distinción entre dos tipos de actualidad y potencialidad. Tenemos la «actualidad del habla» cuando estamos hablando, pero la tenemos también en otro sentido, cuando, aunque poseamos la capacidad de hablar, no hacemos uso de ella en ese momento. Soy un ser que habla incluso cuando está en silencio, en el sentido en que, por ejemplo, un perro no lo es. Tanto el perro como yo no estamos diciendo nada en ese momento, pero, sin embargo, yo poseo la «actualidad del habla», en el sentido de que tengo la capacidad de hablar. Aristóteles dice que el alma es igual, porque existe incluso cuando no estamos utilizando todas sus capacidades, como, por ejemplo, cuando dormimos. La definición formal de Aristóteles, en su característico estilo, concreto, pero un tanto difícil, es que «el alma es la primera actualidad de un cuerpo natural que tiene vida en potencia». Por fortuna, a Aristóteles no se le daba mal ilustrar sus ideas con ejemplos intuitivos. Cuando pensamos en el vínculo entre el alma y el cuerpo —o en cualquier combinación de forma y materia— debemos imaginárnoslo como la relación existente entre una impresión en un trozo de cera y la cera en la que se ha realizado. Es evidente que la impresión no puede existir sin la cera. Y, al mismo tiempo, la cera ha de tener algún tipo de forma, de apariencia. Otro ejemplo es el de una estatua de bronce. La figura no puede existir sin el bronce, y el bronce siempre ha de tener, para existir, algún tipo de forma, de apariencia. La forma y la materia van siempre unidas: hilemorfismo. Pero estos ejemplos se centran en la forma, no en la función, así que Aristóteles se sirve de otro: un hacha. Si preguntáramos cuál es la esencia o el ser de un hacha, se podría responder: «lo que es ser un hacha, [y] eso sería su alma». Y la esencia de un hacha es la capacidad de cortar madera. La esencia de un ojo es la capacidad de ver, por lo que Aristóteles dice que, si el ojo fuera un animal, su alma sería la vista. En el caso de un ser vivo, su esencia es la vida misma. En el caso de las plantas, la característica que las define es la capacidad de nutrirse y crecer. En el caso de los animales, no solo existe esta capacidad, sino también la de percibir y moverse. Los humanos tenemos todas estas capacidades, junto con la de pensar. Para nosotros, los humanos, el alma es aquello por lo que vivimos, percibimos y pensamos. El alma —estas capacidades— es nuestra esencia, nuestra característica definitoria. Pero Aristóteles también insistirá en que no somos solo nuestras almas; somos, ante todo, animales vivos encarnados.

Hasta ahora, hemos considerado la forma y la materia como dos cosas que ayudan a explicar lo que existe, las sustancias. Si queremos entender algo del mundo natural, ambas cosas tendrán que estar presentes en nuestras explicaciones. No puedo describir adecuadamente ningún objeto físico sin decir de qué está hecho ni cómo está organizado y estructurado. Así pues, la materia y la forma van a ser dos partes fundamentales de cualquier descripción y definición. Aristóteles las llama *aitiai*, que podría traducirse como «explicaciones», «razones» o «causas». Aunque «explicaciones» es quizá la más adecuada de ellas, tradicionalmente se las ha llamado «causas». La forma y la materia —o las causas formal y material— son, de hecho, solo dos de las cuatro causas que Aristóteles considera esenciales para comprender correctamente cualquier cosa. Sus explicaciones de estas cuatro causas se repiten a lo largo de toda su obra; están en su *Física* y también en sus obras sobre los animales. ¿Cuáles son las otras dos causas? La primera de ellas se denomina «causa eficiente», y su sentido es el que solemos dar en nuestro idioma a la palabra «causa», es decir, algo que provoca un efecto; como cuando decimos que la pelota se mueve porque la hemos empujado. La segunda es más interesante y, para Aristóteles, la más importante de todas: la «causa final». Se trata del objetivo o propósito que se persigue en un proceso determinado. Si ocurre algo y nos preguntamos por qué, la respuesta será la causa final, aquello por lo que ha ocurrido. Por ejemplo, si vemos a alguien colocando ladrillos unos encima de otros y queremos entender lo que está pasando, tendremos que referirnos a las cuatro causas o partes de la explicación: el hecho de que sean ladrillos (la materia), el modo en que están colocados (la forma), qué es lo que está haciendo que esto ocurra (el albañil, como causa eficiente) y por qué o para qué ocurre, que, en este caso, es para levantar un muro. La idea clave de Aristóteles es que, para entender lo que está ocurriendo en realidad, necesitamos saber que alguien está intentando construir un muro: necesitamos conocer la finalidad del proceso, su objetivo. Una explicación que omita esto no es para nada una explicación. Y este es otro punto en el que Aristóteles cuestiona el materialismo reduccionista de pensadores como Demócrito. Una explicación que intente definir el mundo natural refiriéndose solo al movimiento de componentes materiales, tales como los átomos, no explica realmente nada, diría Aristóteles. Necesitamos saber el porqué; necesitamos saber hacia dónde se dirige el proceso.

En el caso de alguien que levanta un muro, el hecho de que haya un objetivo o propósito final no es nada del otro mundo. El albañil es un agente consciente que tiene un plan de lo que pretende hacer y, por tanto, sus acciones son intencionadas. Como afirma el propio Aristóteles, «lo que el albañil se propone está bastante claro» y, por eso mismo, puede decir por qué razón hace lo que hace. Pero ¿qué ocurre con los procesos naturales? ¿Puede haber intenciones y propósitos similares en la naturaleza? Aristóteles insiste en que la causa final está «más presente en las obras de la naturaleza que en las del arte y la artesanía». Al afirmar esto, se oponía a los filósofos anteriores que habían afirmado que las cosas llegan a ser como son simplemente por obra del azar. Una vez más, Demócrito era el objetivo principal, pero Aristóteles también tenía en mente a otro filósofo anterior, llamado Empédocles. Este había afirmado que las características en apariencia planificadas de los animales eran, en realidad, producto del azar y de mutaciones aleatorias. En efecto, Empédocles propuso una teoría de la evolución. (Anteriormente, Anaximandro había sugerido que los primeros animales que existieron fueron los peces, a partir de los cuales se desarrollaron los humanos). Aristóteles rechazó de plano aquel primer intento de teoría evolutiva propuesto por Empédocles. En su opinión, era absurdo afirmar que la naturaleza es aleatoria y que las estructuras de los organismos son producto del azar. Un caballo tiene las características que tiene porque sus padres eran caballos. Su naturaleza está predeterminada por lo que ha heredado de sus ascendientes. Esta herencia se transmite a través de la semilla (en griego, *sperma*) que lo creó. Lo que se transmite es información sobre cómo debe crecer el nuevo animal. En términos aristotélicos, se trata de la forma, transmitida de padres a hijos. La semilla de un tipo de animal solo produce el mismo tipo de animal: los perros producen perros, nunca gatos. Es verdad que rechazó la teoría de la evolución, pero propuso una hipótesis rudimentaria sobre el ADN.

Al evaluar la obra de Aristóteles sobre los animales, el biólogo Armand Marie Leroi hizo las siguientes observaciones sobre las cuatro causas. «La causa eficiente —afirmó— es una explicación de la mecánica del movimiento y el cambio, aspectos que, en la actualidad, pertenecen al campo de estudios de la biología del desarrollo y de la neurofisiología. La causa material es una explicación de la materia de la que están hechos los animales y de sus propiedades, aspectos que hoy en día están dentro del ámbito de la bioquímica y la fisiología». Hasta aquí, todo correcto. Pero ¿y las causas formales y finales? Leroi prosigue:

«La causa formal es una explicación de la información que cualquier criatura recibió de sus padres y que es responsable de las características que comparte con otros miembros de su especie, es decir, el objeto de estudio de la genética. La causa final es la teleología, el análisis de las partes de los animales en términos de sus funciones. Ahora, eso corresponde a la parte de la biología evolutiva que estudia la adaptación». Aunque la biología de Aristóteles haya quedado inevitablemente rezagada por el desarrollo que la ciencia ha experimentado desde entonces, sus ideas fundamentales sobre la mejor manera de comprender la naturaleza siguen siendo válidas hoy en día. Estos cuatro tipos de explicación forman parte del moderno paradigma científico sobre lo que es la vida.

La idea de que los procesos tienen algún objetivo está estrechamente relacionada con la idea de que las cosas poseen, también, una función. Antes decíamos que la función de un ojo es ver; ahora podríamos decir que el ojo es para ver, ese es su objetivo o finalidad. En ocasiones, estas causas coinciden, sobre todo las formales y finales. Detengámonos en el proceso por el que se reproducen los animales. Digamos que nace un nuevo caballo. La causa material es la materia de la que está hecho. La causa eficiente serán los padres, los caballos. La causa formal —la que explica qué es esta nueva criatura— será la forma de caballo. La causa final —para qué sirve el proceso— es producir un nuevo caballo. El ser «caballo» responde a la pregunta de tres de las cuatro causas.

Una de las cosas que Aristóteles aprendió de su estudio y disección de los animales fue que cada órgano de un organismo es útil para el organismo en su conjunto. La función del ojo es ver, la del corazón bombear sangre, la de los pulmones respirar, etc. Todos ellos contribuyen a mantener el organismo. Pero ¿y el propio organismo? ¿Tiene algún propósito u objetivo? ¿Para qué sirven los animales? Aristóteles se hizo esta pregunta y afirmó que «el cuerpo, en su conjunto, debe de existir para realizar alguna acción compleja». Y su respuesta fue: «el cuerpo existe por el alma». Dado que, como hemos visto, el alma se define como «lo que nos hace vivir», su respuesta es, en efecto, que el objetivo del organismo es simplemente vivir la forma de vida que le corresponde. Todas sus diferentes partes contribuyen a ese fin. Y, como ya había dicho antes Aristóteles, hay un sentido en el que este objetivo —es decir, la causa final— es la clave de cualquier intento de comprender a un ser vivo. Si se quiere comprender el comportamiento de las plantas, los animales o los seres humanos —desde la fotosíntesis hasta la construcción de nidos o la tecnología avanzada—, es necesario saber para qué sirve este conocimiento. Pues bien, la respuesta es: para sobrevivir, para mantener su modo de vida.

El objetivo de los organismos es, en general, estar vivos, sobrevivir y reproducirse. ¿Y el objetivo de los seres humanos en particular? Aristóteles se hace esta pregunta en su *Ética a Nicómaco*. Su objetivo es intentar averiguar qué sería en realidad una vida buena para un ser humano. Dado que el ser humano no es más que otro tipo de animal, aborda esta cuestión, en parte, desde su perspectiva de biólogo. En primer lugar, identifica la función específica del ser humano.

Es ella la que nos dirá cuáles son las actividades más apropiadas para un ser humano. Un buen ser humano será el que cumpla esa función, y una buena vida será la que se caracterice por llevar a cabo las actividades que le correspondan. Entonces ¿cuál es la función específica del ser humano? No se trata tan solo de mantenerse con vida, algo que, al fin y al cabo, compartimos con todos los demás seres con alma, incluidas las plantas. Tampoco se trata únicamente de utilizar nuestros sentidos y de desplazarnos, algo que compartimos también con otros animales. La capacidad humana que nos distingue es la racionalidad. En palabras de Aristóteles, «la función del ser humano es la actividad del alma conforme a la razón».

Aristóteles recurre a sus investigaciones sobre los animales para entender quiénes somos en cuanto que seres humanos —un animal entre muchos otros— y responder a la pregunta de cómo debemos vivir. Su respuesta es sencilla: debemos usar nuestra razón, nuestra capacidad distintiva, para intentar comprender el mundo que nos rodea, tal como hizo él. Es importante subrayar lo de *usar* nuestra razón, pues se trata de realizar un potencial, de utilizar una capacidad, de emprender una actividad, de dedicar nuestro tiempo a intentar comprendernos a nosotros mismos y el mundo en que vivimos.

CAPÍTULO 3
UN ANIMAL RACIONAL

En su intento de identificar la función que nos distingue como seres humanos, Aristóteles afirmó que éramos animales racionales. Es la razón lo que nos separa de las demás criaturas. La palabra griega traducida aquí como «razón» es *logos*, un término que puede significar muchas cosas. En este contexto significa «razón», pero también puede ser «palabra», «pensamiento» o «discurso». Es un sustantivo derivado del verbo *legein*, «decir» o «hablar». Los humanos son los únicos animales que pueden hablar, que pueden ofrecer explicaciones verbales de las cosas, y participar en una comunicación verbal compleja requiere cierto grado de racionalidad o inteligencia. Así pues, cuando Aristóteles señala el *logos* como la característica exclusivamente humana que nos separa de los demás animales, se refiere al hecho de que podemos pensar, hablar y explicar las cosas utilizando un lenguaje complejo. Otros animales pueden ser inteligentes en todos los sentidos y capaces de comunicarse entre sí, pero solo los humanos se sirven del lenguaje para explicar las cosas. En este sentido, el *logos* es exclusivo de nosotros.

A Aristóteles le fascinaba esta capacidad nuestra. Es la función que nos distingue como humanos, y es, por tanto, esencial que la comprendamos si queremos saber en qué consiste vivir una buena vida. Pero es igual de importante comprenderla si queremos entender el mundo que nos rodea: el conocimiento científico complejo no consiste solo en recopilar datos mediante la observación, requiere también teorías que se arman a partir de esos datos. Y debemos estar seguros de que las teorías y los argumentos que proponemos funcionan. Por eso Aristóteles desarrolló un método para examinar los argumentos y las explicaciones. ¿Qué se considera una buena explicación? ¿Cuándo son las conclusiones a las que se llega consecuentes con las afirmaciones que se hacen? ¿Cuándo fallan nuestras explicaciones? Aristóteles inventó la lógica, el estudio del *logos*, para intentar responder a este tipo de preguntas.

En la Antigüedad tardía, las obras de Aristóteles sobre lógica se organizaron en un orden específico como parte de un plan de estudios más amplio que abarcaba todos sus escritos y los de Platón. A principios del siglo VI d. C., el senador y filósofo romano Boecio, a quien ya nos hemos encontrado antes, emprendió un ambicioso plan para traducir al latín todas las obras de Platón y Aristóteles, y comentarlas. Como era de esperar, no pudo llevarlo a cabo. Aunque sí logró traducir las obras sobre lógica de Aristóteles: *Categorías*, *Sobre la interpretación*, *Primeros analíticos*, *Segundos analíticos*, *Tópicos* y las *Refutaciones sofísticas*. Todas ellas iban prologadas con un breve ensayo sobre la lógica de Aristóteles, escrito por un filósofo del siglo III d. C., Porfirio, y traducido al latín. Durante la primera mitad de la Edad Media, estas fueron las únicas obras de Aristóteles disponibles en la Europa latina. Los que conocían a Aristóteles solo habían leído estas obras y le conocían, por tanto, y sobre todo, como lógico.

El conjunto de estas obras lógicas se conocía con el nombre de *Organon*, «instrumento». Esto deja bastante claro que Aristóteles no consideraba la lógica como una parte de la filosofía propiamente dicha, sino como un instrumento, una herramienta de la que servirse para abordar problemas filosóficos. En el *Organon* no se nos enseña ninguna verdad sustancial, solo a argumentar correctamente. Pero eso no le resta, de ningún modo, valor e importancia a la lógica. Al contrario, sea cual sea el tema que examinemos, si queremos hacerlo bien, necesitaremos conocer cómo funciona nuestra lógica. Por eso, desde la Antigüedad tardía, la lógica era lo primero que se cursaba en el plan de estudios.

El orden en que se disponían las obras lógicas de Aristóteles, y sus enseñanzas, obedecía, o eso se pensaba, a los contenidos de cada una. En *Categorías* se trataba de las palabras, de los términos, razón por la cual iba en primer lugar. Luego venía *Sobre la interpretación*, que discurría sobre las oraciones o, para ser más precisos, sobre las proposiciones. Los *Primeros analíticos* mostraban cómo las proposiciones pueden unirse para formar argumentos o, para usar el término aristotélico, silogismos. Los *Segundos analíticos* examinan cómo pueden combinarse los silogismos para crear un cuerpo de conocimiento más sustancial y clarificador. Los *Tópicos*, por su parte, estudian otro tipo de argumentación: el razonamiento dialéctico.

Y las *Refutaciones sofísticas* —que a menudo se han considerado un apéndice de los *Tópicos*— analizan los silogismos dudosos y las falacias.

Sin embargo, no está nada claro si Aristóteles tenía en mente este tipo de disposición ni si se escribieron en este orden. La integridad textual de estas obras también suscita todo tipo de dudas: la parte final de *Categorías* —los capítulos que van del 10 al 15— se ha considerado de otro autor, distinto de Aristóteles, o auténtica pero añadida por un editor posterior. Luego está la cuestión acerca de lo que tratan realmente estas obras. En el caso de *Categorías*, se convirtió en un tema de intenso debate a lo largo de la Edad Media. ¿Es un libro sobre palabras («cosas que se dicen») o sobre cosas («cosas que son»)? ¿O sobre ambas? ¿O sobre algo más: los conceptos? Si se trata de un libro sobre palabras o términos —los componentes básicos de las proposiciones—, entonces tiene sentido leerlo como el primer paso del currículo lógico tradicional. Pero, si el tema tratado son las cosas —es decir, los seres, las cosas que existen—, entonces es una obra de metafísica y quizá no tan adecuada para principiantes. De hecho, uno de los capítulos más largos de *Categorías*, el número 5, está dedicado al tema del ser. Gracias a este pasaje, los lectores latinos en Europa se familiarizaron con los puntos de vista metafísicos de Aristóteles durante los siglos en que la *Metafísica* fue inaccesible para ellos.

Debido a que *Categorías* era una de las primeras obras de filosofía que leían los estudiantes, junto con el hecho de que el asunto que abordaba no estaba muy claro y que presentaba una fuerte dosis de desafiante metafísica en medio, este breve libro de Aristóteles se convirtió literalmente en el tema de cientos de comentarios dedicados a intentar aclarar su contenido. Muchos de ellos más extensos que la propia obra. Para dar una idea de los retos que planteaba —y que sigue planteando— a los lectores, he aquí el capítulo inicial:

> Las cosas se llaman «equívocas» cuando tan solo tienen en común el nombre, mientras que la definición de su esencia es distinta. Por ejemplo, un hombre y un retrato pueden llamarse propiamente «animales», aunque equívocamente; porque poseen un mismo nombre, pero la definición de esencia que corresponde al nombre es distinta. Porque, si se nos pide que definamos qué significa ser un animal en el caso del hombre y en el caso del retrato, daremos en cada caso una definición apropiada solamente a aquel caso.
>
> Las cosas se llaman «unívocas» cuando no solamente llevan el mismo nombre, sino que su nombre significa lo mismo en cada caso y tiene la misma definición. Así, un hombre y un buey reciben el nombre de «animal». El nombre es el mismo en ambos casos, y también lo es la definición esencial. Pues, si se nos pregunta qué se entiende por ese nombre en los dos casos en que hablamos de «animal», daremos la misma definición.
>
> Se llaman «derivados» o parónimos aquellos objetos cuyos nombres derivan de otros por medio de una nueva forma verbal, como, por ejemplo, de «gramática» deriva «gramático», y de «heroísmo», «héroe», etcétera.

Estas eran las primeras palabras de Aristóteles que leían los estudiantes durante la Edad Media y los de después de ella. Las distinciones que establece aquí son muy útiles, no cabe duda, pero, aun así, uno tiene la sensación de que le han empujado al agua sin saber nadar por la parte en la que es imposible hacer pie. Como todo el mundo se familiarizó con estos términos, pasaron a ocupar un lugar destacado en los debates filosóficos medievales: cuando decimos que «Dios existe», ¿lo decimos de forma equívoca o unívoca? En otras palabras, ¿existe Dios en el mismo sentido en que existen los objetos físicos (es decir, utilizando la palabra «existir» unívocamente)? Si existe de ese modo, eso implicaría que él también es algo físico. Pero si no es así, si existe en un sentido de la palabra «existir» completamente distinto del que conocemos y entendemos (es decir, de forma equívoca), ¿podemos comprender de verdad su existencia? Ninguna respuesta era satisfactoria. No hace falta profundizar más en esta discusión, vemos ya cómo la teología medieval se cimentaba y desarrollaba sobre los términos y conceptos aprendidos de Aristóteles.

Llegados a este punto, volvamos a Parménides y a su afirmación de que algo *es* o *no es*. Como vimos ya, la respuesta de Aristóteles fue que el «ser» puede decirse de muchas maneras. En *Categorías* encontramos más distinciones relacionadas con el uso que hacemos de las palabras: todos los escritos de Aristóteles se caracterizan por sus cuidadosas distinciones y por la búsqueda de precisión en el lenguaje. Las categorías mencionadas en el título son diez maneras diferentes de utilizar las palabras. Aristóteles dice que cualquier palabra por sí sola puede referirse a 1) lo que algo es, es decir, la sustancia; 2) su tamaño y cantidad; 3) qué clase de cosa es, su cualidad; 4) su relación con otras cosas; 5) dónde está, su ubicación o lugar; 6) cuándo está, es decir, en el tiempo; 7) su posición, en el sentido de postura; 8) su estado o condición; 9) su actividad, sus acciones; o 10) lo que le ocurre, lo que padece. Aristóteles cree que, si prestamos atención a las distintas formas en que utilizamos las palabras en diferentes contextos, podremos evitar algunas de las afirmaciones confusas y paradójicas de filósofos anteriores como Parménides. Sin embargo, las palabras no significan nada por sí solas. Para decir algo —para afirmar o negar algo— tenemos que combinarlas en oraciones o proposiciones. Como Aristóteles se ocupa sobre todo de lo que podemos saber, le interesan las proposiciones que afirmen algo que pueda ser verdadero o falso. Las demás frases que no hacen tales afirmaciones son del dominio de la retórica y de la poesía, que el filósofo estudia en otro lugar.

Si *Categorías* trata de palabras o términos, *Sobre la interpretación* se centra en las oraciones o proposiciones. De hecho, esta última obra, antes de pasar a las proposiciones propiamente dichas, comienza con una reflexión sobre los términos, una importante distinción cuádruple entre a) palabras escritas, que registran b) palabras habladas, que expresan c) pensamientos, que reflejan d) cosas del mundo. Mientras que las palabras escritas y habladas pueden variar entre distintos grupos de personas, Aristóteles insiste en que los pensamientos o conceptos subyacentes, así como las cosas del mundo, son los mismos para todos. Una palabra por sí sola no significa nada. Alguien puede decir «unicornio» (el ejemplo de Aristóteles es *tragelaphos*, algo así como «cabriciervo»), pero esto no afirma ni niega nada. Sin embargo, si alguien dice «el unicornio es» —o, más sencillamente, «los unicornios existen»—, entonces tenemos una afirmación que puede ser verdadera o falsa. Volvemos de nuevo al verbo «ser».

Si en *Categorías* se clasifican distintos tipos de palabras, en *Sobre la interpretación* se clasifican distintos tipos de proposiciones. Estas pueden ser simples, complejas, contradictorias, universales, indefinidas, afirmativas, negativas, opuestas, etc. De todos los tipos de proposiciones sobre las que Aristóteles reflexionó, hubo una que llamó la atención de los comentaristas posteriores. Se trata de las proposiciones sobre el futuro y, en particular, de su ejemplo: «Mañana se librará una batalla naval». Este tipo de afirmaciones le resultaban a Aristóteles especialmente atractivas, dado que lo que a él le interesaba investigar es aquello que se puede afirmar o negar. Si alguien dijera: «Ayer hubo una batalla naval», y efectivamente la hubiera habido, su afirmación sería verdadera. Dado que el pasado está fijado y no puede cambiar, Aristóteles dirá que es necesario que este enunciado sea verdadero. Ya no puede acaecer nada que lo convierta en falso. Lo mismo ocurre con las afirmaciones sobre acontecimientos que están sucediendo ahora mismo. Si en este momento se está librando una batalla naval, el enunciado «Se está librando una batalla naval» es, no cabe duda, verdadero.

Pero ¿qué ocurre con las afirmaciones sobre el futuro, como la de «Mañana habrá una batalla naval»? ¿Puede una afirmación de este tipo ser verdadera o falsa?

Lo que preocupa a Aristóteles es lo siguiente: si todas las afirmaciones o proposiciones deben ser verdaderas o falsas (su punto de partida para este estudio), esto podría llevar a la conclusión de que todo lo que sucede ha de suceder necesariamente. Si, por ejemplo, alguien dice: «Mañana habrá una batalla naval», esa afirmación debe ser verdadera o falsa, aunque no sepamos si es lo uno o lo otro. O imaginemos a dos personas, una de ellas dice que la batalla ocurrirá mañana y la otra que no ocurrirá. Una de las dos dice la verdad. De hecho, se podría decir que es necesario que una de las dos afirmaciones sea cierta, aunque no sepamos cuál. Si es necesario que una de ellas sea cierta ahora, también lo era ayer. Pero ayer es el pasado y el pasado es fijo, así que parece como si la verdad de sus afirmaciones también fuera algo fijo. Como afirma el propio Aristóteles, «nada impide que alguien diga que dentro de diez mil años habrá esto y que otro diga que no, de modo que necesariamente será cualquiera de las dos cosas que en aquel momento era verdad decir [que sería]». Pero, añade, no importa si alguien hizo estas afirmaciones en el pasado, porque el futuro no puede determinarse mágicamente con solo enunciarlo. Lo que de verdad importa aquí es cómo se construye el mundo, cómo está constituido: «si en todo tiempo se comportan [las cosas] de tal modo que uno de los dos dice la verdad, sería necesario que sucediera eso [o lo otro], y que cada una de las cosas que llegan a ser se comportara de tal modo que llegara a ser por necesidad: pues lo que se dijera con verdad que había de ser no podría no llegar a ser; y lo que llegara a ser, siempre sería verdad decir que había de ser». Si el mundo está constituido de este modo, ¿significa eso que el futuro está predeterminado?

Aristóteles no lo cree —el futuro es abierto y contingente—, y por eso le preocupa que esta conclusión parezca una consecuencia del principio, en apariencia inocuo, de que todas las afirmaciones son verdaderas o falsas.

Como vemos, una vez que introducimos el tiempo en la ecuación, las cosas empiezan a complicarse. Lo que Aristóteles está haciendo aquí, en efecto, es poner a prueba sus propios presupuestos para ver si conducen a alguna consecuencia absurda o contradictoria. Su reto consiste en conciliar su idea de que la lógica genera verdades necesarias con su opinión de que la naturaleza es abierta y contingente, y de que nuestras acciones influyen en el resultado de los acontecimientos.

Su solución fue proponer que la verdad de las afirmaciones depende del momento en que se dicen. Una vez más, es útil escuchar esto en las propias palabras de Aristóteles, aunque solo sea para hacerse una idea más completa de su forma de pensar:

> Así, pues, es necesario que lo que es, cuando es, sea, y que lo que no es, cuando no es, no sea; sin embargo, no es necesario ni que todo lo que es sea ni que todo lo que no es no sea: pues no es lo mismo que todo lo que

> es, cuando es, sea necesariamente y el ser por necesidad sin más; de manera semejante también en el caso de lo que no es.

Una vez más, parece haber aquí una crítica implícita a Parménides, que había afirmado, sin reservas, que lo que es debe ser. Aristóteles, por el contrario, es el maestro de la precisión. Si afirmo que «es de día», esto no es cierto sin matizaciones, pues depende de *cuándo*, en qué momento, lo afirme; y lo mismo ocurre con la veracidad de muchas otras cosas que decimos.

El siguiente paso en el camino hacia el conocimiento es combinar enunciados o proposiciones en silogismos. Los filósofos ya habían hecho esto antes, claro está, pero la gran innovación de Aristóteles fue pensar más allá de los silogismos concretos y reflexionar, en sus *Primeros analíticos*, sobre por qué algunos silogismos son buenos y otros malos. ¿Por qué nos convencen unos silogismos y otros no? Pongamos un ejemplo sencillo: todos los humanos son animales; todos los animales son mortales; por tanto, todos los humanos son mortales. Es obvio que esto funciona. Consideremos este otro: todos los humanos son animales; todos los animales pueden volar; por tanto, todos los humanos pueden volar. Vemos que este silogismo también funciona, y lo hace de la misma manera que el primero, aunque, en este caso, la conclusión sea dudosa. Dudamos de la conclusión porque dudamos de la afirmación «todos los animales pueden volar», que sabemos que no es cierta. Pero a Aristóteles no le preocupa demasiado, por ahora, si las afirmaciones particulares son verdaderas o no —eso puede resolverlo la observación científica—. Lo que él quiere averiguar es por qué ambos silogismos funcionan, por qué la conclusión se sigue naturalmente de las dos primeras afirmaciones (las premisas). Con el fin de estudiar la forma o estructura de los silogismos, elimina el contenido y lo deja al desnudo. Para ello, sustituye los términos particulares de las premisas por letras del alfabeto. Así, el primer silogismo se convierte en «todas las A son B; todas las B son C; por tanto, todas las A son C». El segundo silogismo sigue exactamente el mismo esquema, porque estos dos argumentos comparten la misma forma lógica. En ambos casos, la conclusión se deduce necesariamente de las premisas. Si las premisas son verdaderas, la conclusión también lo será. En el segundo silogismo, una de las premisas era falsa, por lo que la conclusión ha sido falsa, pero el silogismo en sí sigue siendo válido.

De hecho, Aristóteles formalizó este tipo de silogismos de un modo algo distinto. Hablaba de un término llamado «predicado», es decir, que procede o se concluye de otro término. Cuando decimos: «Todos los animales son mortales», «mortal» se concluye del sujeto, «animal», es decir, «mortal» es el predicado. Hay varias formas en que un término puede ser el predicado de otro. Puede ser, por ejemplo, predicado de todo o de algún otro término (todo A es B, algún A es B), o puede afirmarse que no es predicado (ningún A es B) o que no lo es con respecto a alguno de los términos (algún A no es B). Aristóteles organizó todas las combinaciones posibles de tres términos en silogismos que incluían dos premisas y una conclusión. Para que el silogismo funcione, tiene que haber un «término medio» que aparezca en ambas premisas. A partir de todas las permutaciones posibles, Aristóteles identificó catorce formas argumentativas válidas, divididas en tres grupos (a los que denominó «figuras»). Esto da una idea del tipo de mente analítica que tenía nuestro filósofo. No es solo que trabajara con todas estas permutaciones lógicas, sino que fue la primera persona a la que se le ocurrió clasificar los silogismos de este modo.

A implica B; B implica C; por lo tanto, A implica C.
A no implica B; B implica C; por lo tanto, A no implica C.
A implica B; B implica, a veces, C; por lo tanto, A implica, a veces, C.
A no implica B; B implica, a veces, C; por lo tanto, A no implica, a veces, C.

M implica N; M no implica O; por lo tanto, N no implica O.
M no implica N; M implica O; por lo tanto, N no implica O.
M no implica N; M implica, a veces, O; por lo tanto, N no implica, a veces, O.
M implica N; M no implica, a veces, O; por lo tanto, N no implica, a veces, O.

P implica S; R implica S; por lo tanto, P implica, a veces, R.
P no implica S; R implica S; por lo tanto, P no implica, a veces, R.
P implica, a veces, S; R implica S; por lo tanto, P implica, a veces, R.
P implica S; R implica, a veces, S; por lo tanto, P implica, a veces, R.

P no implica, a veces, S; R implica S; por lo tanto, P no implica, a veces, R.
P no implica S; R implica, a veces, S; por lo tanto, P no implica, a veces, R.

Antes de seguir adelante, debemos señalar un par de cosas sobre el análisis que llevó a cabo Aristóteles de estos silogismos. Tomemos otro ejemplo que se ha repetido mucho: «Sócrates es un ser humano; todos los seres humanos son mortales; por lo tanto, Sócrates es mortal». Este argumento difiere de los ejemplos anteriores porque trata de una cosa concreta, Sócrates. Él es el sujeto y la conclusión es sobre él y solo él. Esto no encaja en el tipo de argumentos que interesaban a Aristóteles, precisamente porque trata de algo particular. El conocimiento científico consiste en hacer afirmaciones generales sobre cierto tipo de cosas, de modo que cuando nos encontremos con otro caso del mismo tipo podamos afirmar con confianza que ya sabemos algo sobre él. Si sabemos que todos los humanos son mortales, eso nos dirá algo sobre cada nuevo humano con que nos encontremos. Saber que este humano en concreto es mortal (en este caso, Sócrates) no le dice a uno nada que pueda aplicar de un modo más amplio.

En el orden tradicional de las obras de Aristóteles, a los *Primeros analíticos* les siguen —como era de esperar— los *Segundos analíticos*. Aunque quizá se trate de una división artificial posterior, ya que el propio Aristóteles se refiere simplemente a los *Analíticos*, como una sola obra. Acabamos de ver que los *Primeros analíticos* se ocupaban de la forma o estructura de los argumentos, con independencia de su contenido. El objetivo era ver qué estructuras argumentativas funcionan, cuáles son válidas. No importaba si las premisas eran verdaderas o no —«Algunos cerdos tienen alas; las cosas con alas pueden volar; por lo tanto, algunos cerdos pueden volar»—. Lo que importa no es si las premisas o la conclusión son verdaderas, sino si la conclusión se deduce, siguiendo la lógica, de las premisas.

En los *Segundos analíticos*, Aristóteles pasa a examinar cómo adquirimos el conocimiento. Esto requiere premisas verdaderas. Aristóteles dice que, si tenemos premisas verdaderas y un argumento válido, obtendremos una conclusión verdadera, o sea, un nuevo conocimiento. También podemos enhebrar argumentos en cadenas de razonamiento más largas. Sin embargo, es importante evitar caer en el razonamiento circular al hacer esto; debe haber algunas afirmaciones de base; la cadena no puede extenderse indefinidamente hacia atrás. Debe haber unos fundamentos para que podamos llegar a conocer, ya sean axiomas básicos —en matemáticas— u observaciones confirmadas por las ciencias. Si todos los seres humanos desean conocer por naturaleza, Aristóteles expone aquí cómo hacerlo de forma sistemática.

Tanto en los *Primeros analíticos* como en los *Segundos* se estudia lo que el filósofo denomina «razonamiento demostrativo», es decir, el tipo de razonamiento que se utiliza en las ciencias cuando se hacen afirmaciones sobre cómo es el mundo. En sus *Tópicos* —el siguiente libro en la secuencia tradicional de sus obras sobre lógica—, Aristóteles examina un tipo diferente de razonamiento que le resultaba muy familiar de su época en la Academia. De hecho, es posible que escribiera sobre él cuando aún estaba allí. A este segundo tipo lo denomina «razonamiento dialéctico». Es lo que hacía Sócrates en el Ágora de Atenas cuando interrogaba a la gente y que se convirtió en uno de los métodos fundamentales de los diálogos de Platón. En el razonamiento dialéctico, alguien puede aceptar una afirmación u opinión inicial «solo como hipótesis» y desarrollarla después hasta donde le lleve, para que las consecuencias de esa opinión queden claras. Esto puede hacerse en nombre del escepticismo —alguien puede adoptar, por ejemplo, una opinión que cree falsa con el objetivo de hacer explícitas sus absurdas consecuencias— y puede usarse, también, en una búsqueda sincera de la verdad, es decir, examinando una posible respuesta a un problema, para ver si se sostiene.

En los *Tópicos*, Aristóteles afirma que el razonamiento dialéctico debe partir de opiniones muy extendidas y examinarlas para ver si se contradicen entre sí. También explica que, en la búsqueda del conocimiento, a veces puede ser útil argumentar tanto a favor como en contra de una opinión particular para ponerla a prueba. Podemos utilizar este tipo de razonamiento en una conversación, aceptando la opinión de otra persona, aunque no la compartamos, para mantener un debate fructífero. También puede ser un valioso método para formarse intelectualmente, como cuando los profesores piden a los alumnos que argumenten a favor o en contra de una opinión que ellos mismos no comparten. Esta forma de razonamiento puede ser muy útil cuando se abordan cuestiones éticas o políticas, es decir, el tipo de cuestiones que preocupaban a Sócrates. En ciencias naturales es mucho más fácil argumentar desde un punto de partida seguro, si existen hechos incontrovertibles basados en la observación. Pero cuando se trata de cuestiones como, por ejemplo, qué es la justicia, es más probable que nos enfrentemos a una conflictiva variedad de opiniones. El planteamiento de Aristóteles consistía en partir de opiniones muy extendidas, o de las de personas destacadas, e interrogarlas para ver si resistían el escrutinio. Aunque pensaba que era posible llegar a conclusiones al examinar cuestiones de ética y política, también reconocía que intentar responder a este tipo de preguntas es algo muy distinto de, por ejemplo, hacer matemáticas. Sería insensato, afirmaba, buscar pruebas deductivas cuando se discuten problemas éticos, igual que lo sería pensar que las respuestas de un matemático no son exactas, sino solo aproximativas o probables.

Las investigaciones sobre los animales que llevó a cabo Aristóteles en Lesbos, que incluían una cuidadosa observación y clasificación, sentaron algunas de las bases de la ciencia empírica, pero solo algunas. Un enorme catálogo de información no basta para generar conocimiento científico. Imaginemos un museo a la antigua usanza, repleto de muestras de insectos, rocas o fósiles. Visitar esas colecciones puede ser fascinante, pero por sí solas no nos dicen gran cosa. Hace falta alguien que examine todo ese material, que clasifique los objetos similares entre sí, pero que luego vaya más allá y analice y sistematice toda esa información, estableciendo conexiones y sacando conclusiones. Aristóteles lo hizo, por supuesto, en sus obras sobre biología, pero en las de lógica —en los *Analíticos*, sobre todo— dio un paso más, al establecer las reglas formales para dicho análisis. Con ese paso, sentó las bases del conocimiento científico. Haber hecho cualquiera de estas cosas habría sido un logro mayúsculo; haber hecho las dos es portentoso.

CAPÍTULO 4
ANIMALES SOCIALES

El joven Aristóteles no era muy sociable, a juzgar por algunos testimonios. Como estudiante de la Academia de Platón, se esperaba que participara en discusiones filosóficas con sus compañeros y quizá con el propio Platón, que, inspirado por Sócrates, consideraba la filosofía una actividad de debate y discusión en vivo, de razonamiento dialéctico, y trató de plasmar este espíritu en sus diálogos, al tiempo que advertía a sus lectores de que las palabras escritas palidecen si se comparan con una conversación real entre seres humanos. El motivo, como escribió en su diálogo *Fedro*, es que las palabras de una página no admiten nuevas preguntas, al contrario que un ser humano real.

Se dice que Aristóteles tenía poco interés en este tipo de discusiones filosóficas en vivo y que prefería retirarse para leer y estudiar por su cuenta. Prefería, en suma, la compañía de los libros. Varias referencias antiguas dan fe de este amor del filósofo por los libros y no es raro que se le describa como uno de los primeros coleccionistas bibliófilos del mundo. Parece que le interesaba más conocer las ideas de sus predecesores que discutir con quienes le rodeaban. De hecho, varias obras suyas —la *Metafísica*, la *Física*, *Sobre el alma*— se abren con un compendio de opiniones de filósofos anteriores. Este tipo de revisión bibliográfica que resume las ideas existentes sobre un tema en cuestión sigue siendo, en la actualidad, una práctica habitual en la investigación académica. Si viviera ahora, Aristóteles sería el estudiante laborioso que trabaja en silencio en la biblioteca, más que el fanfarrón que se pavonea en el salón de actos.

De modo que sí, es posible que no fuera muy sociable, desde este punto de vista. Pero en otro sentido más profundo él se consideraba a sí mismo un ser social. En su libro dedicado al estudio de las comunidades humanas y de su organización, la *Política*, Aristóteles describe a los seres humanos como «animales sociales». Las palabras griegas que utilizó fueron *zôon politikon*, traducidas a veces como «animal político». El adjetivo *politikon* deriva del sustantivo *polis*. Si entendiéramos *polis* como «Estado», entonces podríamos traducir *politikon* como «político», pero, si la entendemos como «ciudad», entonces «social» es lo más apropiado; *polis* posee ambas connotaciones y a menudo se traduce como «ciudad Estado». Lo que Aristóteles quería plantear con su definición es que, por naturaleza, los seres humanos viven en comunidades.

Las personas forman hogares y familias, empujadas por el deseo natural de reproducirse. Varias de estas familias se unen para formar pueblos, lo que permite a las personas satisfacer algo más que sus necesidades básicas. Por último, los pueblos se unen para formar una ciudad Estado de dimensiones suficientes como para permitir a la gente hacer mucho más que simplemente sobrevivir. Una ciudad es una comunidad lo bastante grande como para producir cultura —arte, teatro, educación, filosofía—; es decir, permite a los seres humanos no solo sobrevivir, sino vivir una vida rica e interesante, una vida buena. Por eso, según Aristóteles, la ciudad Estado es la organización política ideal. Sin embargo, nuestro filósofo sostiene que participar en la gestión de la sociedad también es esencial para una vivir una vida buena. Para desarrollar nuestro potencial como seres racionales, debemos ser capaces de tomar decisiones que importen, que contribuyan a nuestras comunidades, en lugar de limitarnos a aceptar pasivamente normas sobre las que no tenemos ni voz ni voto. De ahí que los empleados de las pequeñas empresas, en las que todo el mundo tiene voz, se sientan, quizá, más comprometidos que los de las grandes corporaciones, que reciben instrucciones de los mandos intermedios. A todos nos gusta sentirnos parte de algo y —muy importante también— tener un sentido de pertenencia. Cuando las instituciones son demasiado grandes, es más probable que las personas que las integran se sientan alienadas. Por eso Aristóteles consideraba la ciudad Estado una comunidad política con las dimensiones ideales: lo bastante grande como para hacer posible la producción de cultura, pero suficientemente pequeña también como para que todos puedan desempeñar un papel activo en su funcionamiento.

Para Aristóteles, las comunidades políticas son algo natural porque los humanos son animales sociales. Podemos contrastar esto con la típica visión moderna que concibe el Estado no como algo natural, sino como algo creado por los individuos en aras de su bienestar y protección. El ejemplo clásico de esta visión moderna es la famosa afirmación de Thomas Hobbes de que, en su estado natural, la vida humana es «solitaria, pobre, desagradable, brutal y corta». Para superarlo, las personas se unieron y renunciaron a algunas libertades en aras de la seguridad mutua. El Estado es algo artificial que aceptamos a regañadientes porque es mejor que la alternativa: una guerra de todos contra todos. Esto da por sentado —o así lo parece— que nuestro punto de partida natural —por poco atractivo que nos resulte— es el interés propio, individualista. Pero Aristóteles no lo ve así. Basándose en sus observaciones de los humanos —y, sin duda, también en las de otros animales— le parece evidente que nuestro estado natural es cohabitar junto a nuestros semejantes, en familias, tribus y aldeas, igual que los animales viven en rebaños y manadas. Al fin y al cabo, los seres humanos no nacemos de la nada, sino en familias que nos crían y nos cuidan. En este sentido, el grupo social es lo primero y el individuo aislado no es más que una aberración de lo natural en el ser humano: vivir con los otros y depender de ellos.

La visión de Aristóteles es admirable en muchos aspectos, pero otros resultarán, seguro, problemáticos para la mayoría de la gente de hoy. Los más obvios son sus afirmaciones de que algunas personas se pueden definir, legítimamente, como «esclavos naturales» y que las mujeres son, «por naturaleza», gobernadas por los hombres. Como es lógico, estas afirmaciones pueden llevar a algunos a cancelar, sin más, a Aristóteles, lo que sería una lástima, de modo que merece la pena que nos detengamos un poco en ellas y veamos qué quiere decir el filósofo. Él considera un «esclavo natural» a alguien incapaz de gobernarse a sí mismo, alguien que depende del juicio de otra persona. Según sus criterios, las únicas personas que formarían parte de este grupo son las que padecen algún tipo de discapacidad mental, es decir, las que pueden usar su cuerpo, pero no su mente. Nadie capaz de un pensamiento racional autónomo podría ajustarse a esta definición de esclavo. Podemos aplicarla, por tanto, a situaciones en las que alguien se ocupa de los asuntos de otra persona que es incapaz de hacerlo por sí misma (por ejemplo, un familiar con demencia), lo cual puede ser un acto de bondad, siempre que se haga por el bien de esa persona. Pero, hoy en día, nadie lo calificaría de esclavitud.

Lo que nosotros consideramos esclavitud es lo que Aristóteles denomina «esclavitud legal», la que se produce, por ejemplo, cuando personas que eran libres se convierten en posesiones, como parte de un botín de guerra. Aristóteles aborda este tipo de esclavitud sin ambages, señalando que algunas personas «consideran indefendible que un hombre que ha sido dominado mediante la violencia y el poder superior de otro se convierta en su propiedad». Aristóteles está dispuesto a reconocer que existen argumentos a favor y en contra, pero su opinión al respecto es bastante clara. Dice que la relación entre un amo y un esclavo debe basarse en el beneficio mutuo y regirse por la amistad, algo imposible si la relación «nace del uso de la fuerza y por ley». Aun así, el filósofo parece asumir que es normal que la mayoría de los hogares cuenten con esclavos. Pero es muy posible que simplemente estuviera describiendo lo que veía a su alrededor; Atenas contaba con una de las mayores poblaciones de esclavos del mundo griego antiguo y la mayoría de las familias, casi seguro, debían de tener alguno, por lo menos. Sin embargo, si nos ceñimos a lo que el filósofo decía, las únicas personas que deberían ocupar esa posición son aquellos individuos que no están preparados para gestionar sus propios asuntos y aceptan que lo mejor para ellos es que otros lo hagan en su lugar.

En cuanto a la posición de la mujer, es necesario hacer hincapié en que, para Aristóteles, «por naturaleza» significa simplemente «por lo general, en su mayoría»; con ello, pues, se refiere a lo que suele ocurrir, a unas circunstancias, no a una ley natural. Según sus observaciones sobre la cultura de su época, las mujeres tendían a estar bajo el control de los hombres y, puesto que eso era lo que ocurría habitualmente, ese era el estado natural de las cosas. Para Aristóteles, el motivo era simple: los hombres, en su mayoría, tienden a ser físicamente más fuertes que las mujeres. Es una observación biológica. En cierto sentido, las mujeres son, literalmente, el sexo débil. Pero Aristóteles se apresura a añadir que, debido a esto, las mujeres han sido agraciadas por la naturaleza con sentidos más agudos que los hombres: al ser más débiles desde el punto de vista físico, necesitan ser más conscientes de las amenazas potenciales del entorno. Esta percepción superior les da ventaja en la actividad intelectual. Al observar las diferencias entre los sexos en múltiples especies, Aristóteles opina que, por lo general, los machos son más fuertes y agresivos, pero también más simples, mientras que las hembras son más refinadas y sutiles. Por tanto, las mujeres tienden a estar subordinadas a los hombres debido a su relativa falta de fuerza física, aunque son superiores en lo que respecta al atributo que, según Aristóteles, define a los seres humanos: la inteligencia. Puede que los hombres tiendan a dominar políticamente y a hacerse con el control de los asuntos de la ciudad, pero esto es en realidad un obstáculo para vivir lo que Aristóteles considera una vida ideal: la de la serena contemplación filosófica. Por lo tanto, parece que las mujeres, física y socialmente, están mucho más dotadas que los hombres para ser filósofas. Aristóteles cree que hay diferencias entre hombres y mujeres, una opinión basada en sus observaciones biológicas, sin embargo no sugiere que un sexo sea superior al otro, no establece una jerarquía. Ambos desempeñan su papel en la vida de la comunidad de diferentes maneras.

Así pues, para Aristóteles, la ciudad Estado es la unidad natural: surge de manera orgánica y permite a sus miembros vivir una vida buena. Es el equivalente del organismo cuyas partes funcionan en beneficio del todo. En este sentido, la comunidad es lo primero, «anterior al individuo», en palabras del propio Aristóteles. Y lo es en sentido literal: las personas nacen en comunidades, no solo de dos padres, sino también dentro de un grupo más amplio que puede proporcionar protección, alimento y otras cosas necesarias para la crianza de los hijos. Aristóteles añade que las personas casi siempre son incapaces de mantenerse a sí mismas cuando están separadas de su comunidad. Puede que haya algún que otro individuo que intente cultivar toda su comida, confeccionar toda su ropa y ser del todo autosuficiente. Pero esa persona se aislará de su naturaleza de animal social y es muy poco probable que le quede tiempo libre para dedicarse al cultivo de la mente y a la reflexión. Y por esos dos motivos, esa persona, según Aristóteles, no viviría una vida plenamente humana, sino una más propia de un animal, centrada por completo en la subsistencia. Una vida rica y humana requiere más que eso, y es la ciudad Estado la que proporciona la infraestructura para que eso se realice.

En la *Política*, Aristóteles analiza cómo sería una ciudad Estado ideal y cómo son las ciudades Estado en la práctica. Además de criticar algunas de las propuestas esbozadas por Platón en sus libros *República* y *Leyes*, Aristóteles examina algunas de las constituciones de las ciudades Estado existentes, como las de Esparta, Creta y Cartago. Sus análisis se basan evidentemente en la información que ha recopilado sobre estos lugares. Como buen científico que es, ha reunido la información que necesita para poder llevar a cabo sus observaciones. A este respecto, merece la pena mencionar un notable descubrimiento.

Hacia finales del siglo XIX se recuperó, de entre las arenas de Egipto, un corpus completo de textos antiguos. Muchos de ellos procedían de los basureros de la antigua ciudad de Oxirrinco, donde se hallaron numerosos fragmentos de papiros. Algunos trataban de asuntos cotidianos, de temas agrícolas, o eran cartas personales; otros contenían fragmentos de obras ya conocidas, como las epopeyas de Homero. Pero lo más emocionante fue el descubrimiento de textos antiguos que hasta entonces se habían dado por perdidos para siempre. Uno de ellos era una obra titulada *Constitución de los atenienses*. Este papiro en concreto —en realidad, un conjunto de cuatro rollos— no procedía de Oxirrinco, sino probablemente de Hermópolis, un lugar situado un poco más al sur del Nilo. Los pergaminos fueron adquiridos en El Cairo, en 1890, para el Museo Británico y ahora se encuentran en la Biblioteca Británica. Varias fuentes antiguas atribuyen esta obra a Aristóteles y las citas que hacen de ella coinciden con el texto del papiro. Todo parecía indicar que se había encontrado una «nueva» obra de Aristóteles.

La *Constitución de los atenienses*, bajo la autoría de Aristóteles, se publicó por primera vez en 1891. Hoy en día, muchos estudiosos dudan de que él fuese el autor. Se cree más bien que la obra fue producto de la escuela de Aristóteles, parte de un proyecto a gran escala para recopilar información sobre las constituciones de numerosas ciudades Estado del mundo antiguo. Es la única superviviente de un corpus que, según se dice, incluía ciento cincuenta y ocho constituciones. Tal vez la escribiera un integrante más joven de la escuela aristotélica, aunque, como hemos señalado, las fuentes antiguas se la atribuyan, sin lugar a dudas, al propio Aristóteles. Es posible, en suma, que figurara como una obra de su autoría porque, al fin y al cabo, él era el editor de la colección.

El libro es un informe detallado sobre la historia de Atenas y la forma en que se administraba la ciudad. En ella se relatan los conflictos entre los distintos estamentos ciudadanos y se recogen las leyes ideadas para intentar resolverlos. Se habla de todos los políticos célebres de la historia ateniense, como Solón y Pericles, y de los cambios que introdujeron en el funcionamiento de la ciudad. También se describen las estructuras políticas existentes: los sistemas de votación, el papel de los magistrados, la función del consejo, etcétera. En cierto modo, Aristóteles está describiendo el funcionamiento interno de un organismo, al igual que hizo cuando examinaba sus peces en Lesbos. Como entonces, su método fue reunir las pruebas empíricas irrefutables y necesarias para acometer cualquier estudio científico. En estos antiguos rollos de papiro sacados de la arena podemos, pues, asistir al nacimiento de las ciencias sociales.

Las tensiones históricas que Aristóteles (o su asistente) describe en la política ateniense abren un abanico de cuestiones de carácter más teórico acerca de cuál podría ser la mejor organización de una ciudad Estado. Para él, la clave reside en gestionar las relaciones entre las diferentes clases sociales, encontrar algún tipo de equilibrio que sea satisfactorio para todos. Según nuestro filósofo —como ya hemos visto—, todos deben participar en la gestión de la ciudad. Esto parece descartar los sistemas en los que el poder se concentra en un solo individuo, como la monarquía. «No es justo ni conveniente —afirma Aristóteles— que una persona gobierne sobre todas las demás». Pero ¿qué ocurre en lo que respecta a los distintos grupos de personas? En la mayoría de las comunidades del mundo real, existen divisiones entre los grupos, basadas a menudo en la riqueza. Esta suele concentrarse en manos de unos pocos y, como consecuencia de ello, aparece una élite pudiente y una mayoría más pobre. El grado de concentración y desigualdad puede variar bastante, pero este patrón básico parece casi universal. No es sorprendente que cada uno de estos dos grupos crea que el gobierno de la comunidad debe recaer sobre ellos. Cuando la élite rica tiene el control, aparece lo que llamamos una oligarquía, y, cuando son las masas más pobres las que están al mando, una democracia. Aristóteles está en contra de estos dos sistemas de gobierno en su forma pura, porque priorizan los intereses de un grupo sobre el bienestar de toda la comunidad. En vez de eso, sostiene que lo mejor es un tipo de constitución mixta, que incluya elementos de ambas. La clave es evitar que el conflicto entre las clases se polarice y que un sector de la sociedad se sienta víctima del otro. El organismo de la ciudad Estado necesita que todas sus partes trabajen por el bien común, no que luchen entre sí.

Esta idea de que debemos evitar los extremos e intentar hallar un término medio lleva a Aristóteles a reflexionar sobre lo que él llama «la gente que está en el medio»: la clase media. El problema de los ricos es que a menudo se sienten con derecho a hacer uso de sus privilegios y no les gusta que les digan cómo deben actuar; piensan, en suma, que las reglas no pueden aplicárseles. Y el problema de los pobres, según Aristóteles, es que pueden convertirse en una masa de amargados y resentidos; su falta de oportunidades y de control también los empuja a aceptar la sumisión. Ninguna de las dos es la condición ideal, pues el resultado, como dice nuestro filósofo, «no es un Estado conformado por hombres libres, sino por esclavos y amos, los primeros, corroídos por la envidia; los segundos, por el desprecio». Una comunidad así es fallida. Lo deseable, argumenta Aristóteles, sería una que se basara en la amistad y en el compañerismo, y estuviera formada por miembros dispuestos a compartir con los demás. Las personas con más probabilidades de hacerlo son las que se encuentran más o menos en la misma escala, las que constituyen la clase media. Lo ideal sería, pues, que la ciudad Estado «estuviera formada, en la medida de lo posible, por personas afines, semejantes». La forma de conseguirlo es ampliar la clase media tanto como se pueda, sacando a la gente de la pobreza, frenando la riqueza excesiva y, en general, reduciendo la desigualdad. Todas estas cuestiones son tan relevantes ahora como lo eran en la Atenas del siglo IV a.C. Solo abordándolas podremos conseguir una comunidad política fuerte y que funcione. Aristóteles no era un radical; más bien era, en términos actuales, un centrista, un moderado. Pero no cabe duda de que sería muy crítico con las desigualdades tan extremas de hoy, y afirmaría que tales divisiones obstaculizan, de forma inevitable, la capacidad de nuestras comunidades para funcionar bien y crear las condiciones necesarias para que todos disfruten de una vida buena.

Cuando aún estaba en Lesbos, Aristóteles recibió una invitación del rey Filipo de Macedonia para viajar al norte y dar clases a su hijo adolescente, Alejandro (que más tarde sería conocido como «el Grande» o «Alejandro Magno»). Fuentes posteriores sugieren que esto se debió a la inmensa reputación de Aristóteles como sabio, pero no está nada claro que esta estuviera realmente consolidada en aquel momento; tenía unos cuarenta años y aún no había fundado ninguna escuela propia. Otra versión sugiere que el padre de Aristóteles, Nicómaco, había sido médico en la corte del padre de Filipo, el rey Amintas, por lo que es posible que existiera algún tipo de vínculo personal. Además, Filipo mantenía buenas relaciones con Hermias, el de Assos, y tal vez Hermias recomendara a nuestro filósofo para aquel puesto. No lo sabemos con certeza. Lo que sí sabemos es que Aristóteles aceptó la invitación y se dirigió al norte, a Macedonia, acompañado por Teofrasto. Solo podemos especular, pero uno se pregunta si Aristóteles no vio en ello una oportunidad para compartir algunas de sus ideas sobre cómo podía florecer mejor una ciudad Estado con alguien a quien debía preparar para que se convirtiera en un líder político.

Aristóteles enseñó a su alumno durante tres años, hasta que Alejandro se convirtió en regente mientras su padre estaba en la guerra. Una vez más, no sabemos con exactitud qué le enseñó: lecciones escolares genéricas, consejos para príncipes o una muestra de los problemas filosóficos que había aprendido en la Academia. Es posible que Alejandro —quizá el hombre de acción por excelencia— no se sintiera demasiado inspirado por lo que oía y se distrajera fácilmente con otros afanes. No parece que las ideas de Aristóteles influyeran en el comportamiento posterior de

Alejandro; el filósofo, por su parte, no menciona a este en sus obras. Escritores posteriores se refieren a Alejandro como el alumno más importante de Aristóteles —sin duda, se convertiría en el más famoso—, pero no hay pruebas reales de que el filósofo ejerciera sobre él influencia alguna. Tal vez Alejandro fuera un adolescente aburrido e impaciente, poco interesado en lo que su nuevo tutor intentaba enseñarle. En su *Ética a Nicómaco*, Aristóteles decía que «un joven no escucha de buen grado lecciones de ciencia política, porque no tiene experiencia de la vida» y, «como tiende a dejarse llevar por sus pasiones, el estudio no le reportará provecho alguno». Según algunos, estas palabras podrían referirse a su propia experiencia con el joven príncipe macedonio.

Parece ser que Aristóteles permaneció en Macedonia durante algún tiempo, incluso después de que sus obligaciones como tutor de Alejandro hubieran llegado a su fin. Es posible que continuara allí sus investigaciones biológicas sobre especies que no había encontrado en Lesbos. Se marchó cuando Filipo murió, un par de años más tarde, pero también desconocemos la razón. Tal vez se beneficiaba de una renta concedida por el rey, que dejó de disfrutar a la muerte de este. De hecho, Filipo había sido asesinado, lo que quizá generó un ambiente de incertidumbre política. O tal vez le inquietaba en qué se convertiría Macedonia bajo el liderazgo de su antiguo discípulo. En cualquier caso, fue entonces cuando Aristóteles regresó a Atenas.

Alejandro no tardaría en dirigirse al este, a la guerra, y en transformar el mundo antiguo a su paso. Cuando la andadura del joven rey llegó a su fin, ya no quedaban ciudades Estado griegas independientes. El vasto territorio que había conquistado, que se extendía desde Grecia hasta la India, se repartió, tras su muerte, en tres grandes reinos gobernados por sus generales. Las ciudades del Egeo, hasta entonces independientes, pasaron a estar bajo el control de Macedonia. El mundo político que Aristóteles había descrito y estudiado desapareció de un día para otro.

Esta transformación del paisaje político griego hizo que el cuidadoso estudio de Aristóteles sobre la ciudad Estado independiente resultara casi inmediatamente superfluo. El mundo que él describía había desaparecido y, por supuesto, era algo imposible de prever. Sin embargo, él no se había limitado a describir la realidad política de su época, sino a reflexionar sobre qué tipo de comunidad sería la más apropiada para que la gente viviera una vida buena. Como hemos visto, nuestro filósofo estaba convencido de que la gente necesita participar activamente en el funcionamiento de su comunidad, sentirse parte de ella, en lugar de limitarse a ser meros súbditos pasivos de un gobierno distante. En el mundo que surgió en las décadas posteriores a las conquistas de Alejandro, esa afirmación era cualquier cosa menos superflua. Como la gente tenía menos oportunidades de participar en la gestión de sus comunidades, empezaron a volverse hacia dentro y a centrarse más en la ética personal que en la teoría política. Si bien, en algún sentido, el análisis de Aristóteles sobre la ciudad Estado autogobernada pareciera irrelevante, lo cierto es que ofrecía una explicación de por qué la gente se sentía cada vez más alienada e ignorada. Aunque haya algunos elementos en la *Política* cuestionables desde el punto de vista actual, aquella idea sigue siendo tan incisiva ahora como cuando Aristóteles la formuló por vez primera.

CAPÍTULO 5
LOS BENEFICIOS DE LA LITERATURA

Atenas era un destacado centro cultural en el mundo antiguo. No es de extrañar, pues, que Aristóteles decidiera regresar allí tras la muerte de Filipo de Macedonia. Como acabamos de ver, una de las muchas razones por las que nuestro filósofo pensaba que la gente debía vivir en ciudades Estado es que estas eran lo bastante grandes como para mantener una rica vida cultural, y ningún lugar hacía esto mejor que Atenas, con su vibrante comunidad de filósofos, de artistas y de dramaturgos. Después de haber vivido allí durante veinte años, más de lo que había vivido en ningún otro lugar, es probable que se sintiera como en casa, aunque oficialmente fuera un forastero. Tal vez aún conservara amigos en la Academia, o la Academia en sí misma le resultase atractiva —una comunidad de personas con ideas afines que practican la filosofía—, puesto que, como sabemos ya, Aristóteles pensaba que disfrutar de una rica vida cultural marcaba la diferencia entre la simple supervivencia y una vida humana rica e interesante.

Una de las cumbres de la vida cultural ateniense era el teatro, tanto la tragedia como la comedia. Cada año, en el festival de las Dionisias, la población ateniense se reunía para ver nuevas obras que competían entre sí. Durante el segundo periodo de Aristóteles en Atenas, se reconstruyó en la ladera sur de la Acrópolis el teatro de Dioniso, donde se celebraba el festival. Este flamante recinto de mármol tenía capacidad para albergar a unas quince mil personas. Es muy posible que Aristóteles asistiera a su reapertura. Allí también vería las estatuas recién erigidas de Esquilo, Sófocles y Eurípides, que ya se habían convertido en los tres trágicos canónicos, tal y como lo siguen siendo para nosotros hoy en día. Aunque la tragedia quizá surgiera en otros lugares, se desarrolló y perfeccionó en Atenas, y estos tres dramaturgos emblemáticos eran de allí.

Aristóteles frecuentaba el teatro con asiduidad y en su libro *Poética* menciona muchas obras dramáticas de una gran variedad de autores, la mayoría de las cuales por desgracia se han perdido, además de hablar de las de Esquilo, de Sófocles y de Eurípides que han llegado hasta nuestros días. Dos son los aspectos que le interesan cuando diserta sobre teatro y poesía —y podríamos extender esto a las obras de arte en general—: cómo se hacen y el efecto que producen en la gente. Para saber cómo hacerlas, necesitamos saber qué son y cuáles son sus componentes. En este sentido, su enfoque no difiere del que adoptó para estudiar los animales y el resto del mundo natural. Utiliza el mismo método sea cual sea su objeto de estudio. Lo que comparten todas las artes, dice, es que son tipos de imitación. En la Antigüedad, filósofos como Parménides escribían en verso, pero eso no convertía su obra en poesía, en el sentido que Aristóteles le da a esta en la *Poética*, donde se centra en la creación artística imitativa.

La imitación puede adoptar muchas formas; en el teatro, «los poetas imitan a personas que hacen cosas». ¿Por qué? Aristóteles cree que hay varias razones para ello. En primer lugar, nos gusta ver las cosas representadas de este modo, lo que tal vez esté relacionado con el hecho de que de pequeños aprendemos por imitación, observando y copiando el comportamiento de los demás. La imitación nos ayuda a entender el mundo que nos rodea, en este caso, las acciones ajenas y las innumerables variedades que adopta la interacción social. Aristóteles señala que se trata de una actividad perfectamente natural en nosotros, los seres humanos, en tanto que animales sociales que intentan manejarse en la psicología humana.

En su origen, el teatro, y en particular la tragedia, era muy simple, con una sola persona encargada de representar la historia. Aristóteles nos dice que Esquilo introdujo un segundo actor, y luego Sófocles añadió un tercero y empezó a utilizar decorados pintados. No eran producciones complejas ni caras. A pesar de su sencillez, Aristóteles identifica una serie de componentes, el más importante de los cuales, dice, es la trama. Las obras dramáticas no tratan sobre personas o personajes como tales, sino de acciones e historias. Que alguien disfrute o no de una buena vida depende de lo que haga y de lo que le ocurra, y el drama trata de explorar estas cosas. Los argumentos de las tragedias suelen centrarse en repentinos reveses de la fortuna, algo que podría ocurrirnos a cualquiera de nosotros. Es este reconocimiento lo que confiere al teatro el poder de afectar a nuestras emociones.

Una buena obra dramática de éxito se caracterizará por lo que Aristóteles denomina «una acción completa», de principio a fin. Una acción completa constará de un principio, un nudo y un desenlace. Lo que quiere decir con esto es que el principio debe establecer las cosas sin presuponer ningún acontecimiento concreto inmediatamente anterior. El final llevará las cosas a una conclusión natural, resolviendo la historia a satisfacción del público. La parte central, la acción central de la obra, se desarrollará a partir de la escena inicial, pero por sí sola dejará las cosas sin resolver, de modo que el final resulte necesario para completar la acción. El conjunto no debe alargarse demasiado y el público debe ser capaz de retener toda la trama en su mente a medida que avanza. Sin duda, todos hemos visto películas demasiado largas y complejas en las que es difícil seguir el hilo de lo que ocurre. Aristóteles ya nos había advertido de que no cometiéramos este tipo de errores básicos a la hora de construir una obra dramática, más de dos mil años antes de que se inventara el cine.

Una buena trama también necesita un sentido de la unidad. Según Aristóteles, es un tanto absurdo que le ocurran cosas a un personaje si no contribuyen de algún modo a la historia principal. La *Odisea* de Homero, por ejemplo, no nos cuenta todo lo que le sucedió a Odiseo, sino solo lo que es relevante para narrar su viaje de regreso a Ítaca tras la guerra de Troya. En el teatro, si un personaje se presenta al principio y luego desaparece de nuestra vista, esperamos que vuelva más tarde de alguna manera significativa. Si no es así, nos preguntamos por qué apareció. Si algo puede omitirse sin afectar al argumento central de la trama, entonces es ajeno a ella —no está integrado en la totalidad— y quizá no deba incluirse. Aristóteles menciona ejemplos tanto de la poesía épica como de la tragedia, y cree que su análisis de la trama puede aplicarse a ambas. Por extensión, podemos utilizarlo también para analizar películas y novelas.

¿Qué hay de lo particular, de lo concreto? Aristóteles habla de tramas en las que los acontecimientos se producen «en contra de lo previsto, pero por causa unos de otros». El desenlace es inevitable, pero no lo esperábamos. Estas tramas son buenas porque nos provocan reacciones emocionales. Los sucesos fortuitos también pueden funcionar bien, pero lo hacen mejor cuando dan la impresión de ocurrir con un propósito. Nos gusta cuando un personaje malo muere de forma accidental por culpa de un plan suyo que falla, lo que ahora solemos llamar «justicia poética». El propio Aristóteles ofrece un ejemplo bastante llamativo de ello: «La estatua de Mitys, en Argos, mató al hombre responsable de la muerte de Mitys al caérsele encima mientras la miraba». Se trata de un acontecimiento totalmente fortuito, aleatorio, pero que el público no percibe como tal. También hay cambios repentinos de fortuna —el rey que se convierte en mendigo— o momentos de reconocimiento, cuando un extraño es identificado de repente como un pariente perdido hace mucho tiempo. Aunque la tragedia griega suela centrarse en sucesos que acontecen a los reyes y a sus familias, las historias han de ser cercanas para que nos afecten. Solo podemos sentir compasión por el sufrimiento inmerecido de Edipo si nos identificamos con el personaje. Conectamos con el sufrimiento de un ser humano, no con la figura histórica. Y este es uno de los motivos por los que los personajes trágicos suelen ser imperfectos y a veces toman, al igual que nosotros, malas decisiones. El desastre que se desencadena a raíz de una resolución errónea es algo con lo que podemos identificarnos, porque a todos nos pasa eso a veces, y es, al mismo tiempo, una advertencia sobre los peligros que pueden sobrevenir. «Mira, esto es lo que puede pasar si haces *x*, así que ten cuidado».

Aristóteles no solo se centra en la trama, también examina la importancia del personaje y de la dramaturgia. Los personajes deben estar bien compuestos y ser identificables; deben actuar con coherencia, con arreglo a lo que son. Las palabras que pronuncian importan, por lo que la escritura dramática debe ser impecable. El filósofo insiste en que un buen dramaturgo debe conocer a fondo la gramática. Luego está la puesta en escena y la producción del drama, aunque Aristóteles advierte que no hay que darles demasiada importancia. Lo fundamental es el argumento, y ninguna puesta en escena elegante puede compensar una historia débil. Una forma fácil de comprobarlo es ver qué impacto tiene una obra al leerla, en comparación con verla representada. Una obra dramática realmente sólida funcionará en la página, aunque en última instancia haya sido concebida para ser vista por el público.

La tragedia puede ser truculenta. Aunque la violencia más explícita no se representaba en el escenario, las líneas argumentales seguían teniendo el poder de conmocionar. En *Agamenón*, de Esquilo, Clitemnestra asesina a su marido, Agamenón, en venganza por haber sacrificado a su hija. En la segunda entrega de la trilogía, *Las coéforas*, Clitemnestra es asesinada a su vez por su propio hijo, Orestes, en venganza por el asesinato de su padre. Este tipo de historias pueden ser dramas apasionantes, pero no muy gratos. Aristóteles señala varias maneras en las que podemos obtener placer de los aspectos formales de tales obras: que la trama esté bien construida y se resuelva en una conclusión satisfactoria, que el diálogo esté bien escrito, que se represente bien, etcétera. Pero ¿obtenemos algún placer de la propia historia trágica? Aristóteles cree que sí. Podemos disfrutar, dice, de una liberación placentera cuando experimentamos emociones extremas como la piedad y el miedo. A esto lo denomina «purificación» (*catharsis*), el instante en el que cualquier exceso de estas emociones se libera, devolviéndonos a un estado de equilibrio. Aunque no lo dice de forma explícita, también podríamos pensar que experimentar estas emociones extremas en el espacio seguro del teatro puede ser un entrenamiento útil para ayudarnos a afrontarlas más tarde en situaciones de la vida real. Un tema común en la tragedia griega es el dolor extremo o los celos que empujan a la gente a hacer cosas terribles. Ver esas emociones extremas en el escenario y compartirlas indirectamente, por no mencionar la conciencia de lo mal que pueden ir las cosas cuando se descontrolan, nos ayuda a manejar mejor esas emociones en nuestra propia vida.

Las ideas que Aristóteles desgrana en la *Poética* son de un valor inestimable para comprender la tragedia griega. Es un testigo casi contemporáneo de uno de los más grandes periodos de producción artística de la historia, cuyas ideas distan mucho de reducirse al mero interés académico o filológico, a pesar de tener más de dos mil años. Su obra se sigue utilizando hoy en día. Como recuerda a sus lectores una guía de gran éxito sobre la escritura de guiones, no hay ningún secreto, ninguna sabiduría oculta acerca de cómo contar bien una historia; todo es de dominio público desde hace mucho tiempo, porque todo está ahí, expuesto en la *Poética* de Aristóteles.

La *Poética*, tal y como ha llegado hasta nosotros, es un libro dedicado al análisis de la tragedia. En un momento dado, Aristóteles dice que más adelante hablará del otro tipo de drama, la comedia, aunque no llega a hacerlo. Esto ha llevado a algunos a concluir que el texto de la *Poética* que se ha conservado está incompleto y que debió de existir un segundo libro dedicado a la comedia. Una razón para pensarlo es que, en su *Retórica*, Aristóteles afirma que ya ha tratado en la *Poética* el modo en que las cosas ridículas pueden ser agradables. Otra es que una lista antigua de obras de Aristóteles menciona un tratado sobre el arte de la poesía en dos volúmenes. Mucho más tarde, en el siglo XIII, cuando Guillermo de Moerbeke tradujo la *Poética* al latín, terminó su texto afirmando que aquel era el primer libro del *De Arte Poetica* de Aristóteles, lo que sugiere que, al menos, era consciente de la existencia de un libro más.

Desgraciadamente, el Libro II, si existió, se ha perdido por completo. Nos ha llegado, por tanto, muy poca información sobre lo que Aristóteles pensaba acerca de la comedia, pero es evidente que la consideraba importante. En el festival dramático ateniense más célebre, los dramaturgos representaban tres tragedias y una obra cómica satírica. Un poco de alivio al final de las representaciones trágicas, después de tantos asesinatos e intrigas, venía bien para levantar el ánimo de todos. Al igual que la tragedia y la poesía épica, la comedia era, según Aristóteles, una forma de imitación, un espejo que reflejaba aspectos de la vida cotidiana. Pero, a diferencia de la tragedia, nos dice, la comedia suele tener un final feliz y «nadie muere a manos de nadie». Tiende a retratar a personas comunes, figuras risibles, en lugar de a los personajes complejos de los dramas serios. Los incidentes que retrata han de ser creíbles para que podamos identificarnos con ellos. También puede conducir a una purificación de las emociones (*catharsis*): no hay mejor medicina que la risa.

Estos pocos comentarios proceden del primer libro de la *Poética*. Es de suponer que, en el segundo libro, ya perdido, Aristóteles se centrara en los aspectos de las obras cómicas, como el argumento y los personajes, al igual que había hecho con la tragedia en el Libro I. Encontramos otros comentarios sobre la comedia en su *Ética a Nicómaco*, en un pasaje en el que habla de la virtud del ingenio. Aristóteles sugiere que la comedia, el humor, es más que apropiada para descansar del ajetreo de la vida cotidiana. Ya sea en una fiesta o en una cena, es bueno saber contar chistes y hacer que las cosas parezcan divertidas. Aristóteles califica de aburrido a quien no lo hace o no sabe hacerlo. Sin embargo, a quien va demasiado lejos, haciéndose el tonto continuamente, lo llama «bufón». Estos son los dos extremos, los dos vicios que hay que evitar, y la virtud del ingenio se sitúa en el medio. El tipo de humor refinado que Aristóteles parece tener en mente debe evitar la excesiva crudeza y la ofensa. Todo parece indicar que sentía predilección por la comedia costumbrista y cortés que se estaba desarrollando en su época y que se conocería como «Nueva Comedia», a menudo asociada con Menandro, antiguo alumno del Liceo, frente a la «Vieja Comedia», la de Aristófanes, repleta de palabrotas y chistes obscenos.

En la *Ética a Nicómaco*, Aristóteles sugiere que no debemos sobrepasar los límites de la comedia siendo deliberadamente ofensivos. Sostiene también que la comedia tiene que ser divertida, relajante y entretenida, no debe causar dolor a nadie. Su objetivo ha de ser la relajación y la diversión, no la provocación. Para Aristóteles, como hemos visto, era fundamental vivir en una comunidad armoniosa, y el humor también tenía que contribuir a ello, generando situaciones agradables —momentos para unir a la comunidad— sin molestar ni ofender a nadie. Esta cuestión es tan actual hoy como lo era cuando Aristóteles reflexionó sobre ella. ¿Dónde está el límite entre el humor y la ofensa? ¿Deben algunos temas mantenerse fuera de los límites de la comedia? Aristóteles se preguntaba sobre todo qué tipo de persona desea uno ser: ¿el que se ríe de chistes a sabiendas de que molestarán profundamente a los demás? ¿El que contará un chiste aun sabiendo que puede ofender a algunas personas? Cuando Aristóteles habla del ingenio no está pensando en el cómico provocador que intenta deliberadamente sobrepasar los límites, sino en lo que tú o yo podríamos decir en un acto social en el que todo el mundo quiere relajarse. La persona con la virtud del ingenio tendrá el tacto suficiente como para evitar hacer bromas que puedan herir la sensibilidad del público.

Junto a la tragedia y la comedia, Aristóteles menciona la música como un arte que nos procura la liberación emocional que tanto necesitamos. En los tres casos, podemos pensar en ejemplos actuales en los que la idea básica de Aristóteles se hace realidad: el drama desgarrador en el que somos testigos de primera mano de las experiencias traumáticas de los protagonistas; la película de terror que nos hace pasar un miedo extremo seguido de una sensación de alivio al final; la comedia bufa en la que nos reímos de los accidentes y desgracias de los demás; la canción de amor agridulce a través de la cual revivimos las emociones de una relación fracasada. Una obra de arte puede hacernos experimentar emociones difíciles en un entorno relativamente seguro, ayudándonos a procesar las emociones reales que nos acontecen en nuestras propias vidas. Si manejar dichas emociones es esencial para cualquiera que quiera vivir una buena vida —y la tragedia nos muestra demasiado bien lo que les ocurre a los personajes que no lo hacen—, entonces estas formas de arte son absolutamente esenciales. No por nada el cine, la televisión y la música, por no hablar del teatro y de la literatura, se han convertido en industrias tan importantes en la actualidad. En el mejor de los casos, cumplen una función vital.

A algunos quizá les sorprenda que Aristóteles, aquel árido científico que intentaba desvelar los secretos de la naturaleza, preste tanta atención a las obras de ficción. Cabría esperar que se sintiera más inclinado hacia la historia, por ejemplo, que hacia la tragedia o la poesía épica. Al fin y al cabo, el historiador, afirma Aristóteles, es alguien que «cuenta lo que ha sucedido», mientras que el poeta se limita a decir «el tipo de cosas que sucederían». Los hechos históricos atraerían más, por tanto, a una mente científica, según parece. Pero no es así. Aristóteles afirma sin ambages que «la poesía es más filosófica y más seria que la historia». ¿Por qué? Su respuesta es sencilla: la historia trata de verdades particulares —la batalla de Salamina tuvo lugar en el 480 a.C., por ejemplo—, pero la poesía expresa verdades universales sobre la condición humana. Aunque los personajes de la tragedia y de la poesía griegas antiguas lleven el nombre de figuras que existieron de verdad (o que se creía que habían existido), sería un error pensar que estamos viendo o leyendo acontecimientos de las vidas de esos individuos concretos. Lo que importa son las verdades universales que podemos extraer de esas historias: que una mala decisión puede tener consecuencias desastrosas, que la violencia engendra violencia, que las emociones descontroladas pueden ser peligrosas. Son cuestiones sobre las que cualquier ser humano debería reflexionar de vez en cuando. Aristóteles se dio cuenta de ello.

Como ya hemos visto, Aristóteles admiraba la ciudad Estado —la comunidad política de tamaño medio— porque esta era lo bastante grande como para sostener una cultura capaz de producir y representar este tipo de drama, poniendo a disposición de todos sus ciudadanos estas reflexiones sobre la condición humana. Las buenas películas y las buenas novelas también pueden hacer lo mismo por nosotros. Disfrutar de estas cosas no es una mera distracción para nuestros ratos de ocio después del trabajo, sino algo esencial sin lo que no sería posible, para el ser humano, vivir una vida completa.

CAPÍTULO 6
UNA VIDA BUENA

Aristóteles reflexionó sobre cómo debe vivir la gente y qué significa disfrutar de una buena vida, con sus dos facetas intelectuales. Por un lado, abordó el tema como biólogo, basándose en sus estudios sobre los animales. Por otro, se basó en su experiencia como alumno de Platón, quien dedicó mucho tiempo a pensar sobre la naturaleza de la bondad de una manera mucho más abstracta.

Aristóteles comienza las lecciones que hoy conocemos como *Ética a Nicómaco* preguntándose qué es lo que la gente quiere en la vida. ¿Cuál es el bien supremo, lo que más deseamos? ¿Qué perseguimos por sí mismo y qué perseguimos por algún otro motivo? Tomemos el ejemplo del dinero. Es algo que todos buscamos en mayor o menor medida, porque lo necesitamos para vivir. Lo queremos por lo que podemos comprar con él y por lo que nos permite hacer. Sin embargo, el dinero no es, en sí mismo, algo interesante. No lo queremos por sí mismo, sino para conseguir otras cosas, ya sea comida, ropa o unas buenas vacaciones. Por eso, Aristóteles lo denomina «bien instrumental» y lo contrapone a lo que denomina «bienes intrínsecos», es decir, cosas que merecen la pena por sí mismas. Hay también, por supuesto, cosas que perseguimos y que son valiosas en sí mismas y deseadas también por algo más. Lo que Aristóteles pretende es aislar eso único —si es que existe— que solo se persigue por sí mismo y nunca por otra cosa. Eso que podría denominarse «el bien supremo», el fin último de todo lo que hacemos.

¿Existe algo así? Aristóteles cree que sí: la felicidad. Lo que todos queremos es vivir una vida feliz. Puede que no estemos de acuerdo en cómo debe ser una vida feliz o qué necesitamos para alcanzarla, pero en última instancia todos buscamos lo mismo. Si alguien nos preguntara *por qué* queremos ser felices, nos sentiríamos, quizá, un poco confusos... ¿Quizá porque todo el mundo quiere ser feliz? En realidad, no hay explicación posible, porque, en tanto que bien supremo, la felicidad no sirve para nada más. Queremos ser felices porque queremos ser felices, y ya está. Es el punto en el que se acaban todas las justificaciones y explicaciones.

Así pues, según Aristóteles, todos queremos la felicidad y esta es el bien supremo. Pero ¿cómo alcanzarla? La palabra griega que aquí se traduce como «felicidad» es *eudaimonia*, que a veces se traduce también como «bienestar», «prosperidad» o «vida buena». Significa algo más que el sentimiento subjetivo, potencialmente fugaz, que a veces se asocia con nuestro término «felicidad». Para Aristóteles, la felicidad consistiría más bien en que tu vida, en su conjunto, es buena desde un punto de vista objetivo y que otras personas serán capaces de reconocerlo. Es esto lo que deseamos, según el filósofo, no la sensación pasajera de «sentirse feliz».

¿Qué implicaciones tiene esto? Aquí es donde Aristóteles saca a relucir su mentalidad de biólogo. Si pensamos en las partes del cuerpo humano, un buen ojo es el que puede ver bien y un buen corazón es el que bombea la sangre eficazmente. Cada órgano tiene su función, y un buen órgano es el que la cumple correctamente. Del mismo modo, sugiere Aristóteles, un buen ser humano será aquel que cumpla bien su función. Como vimos antes, el filósofo piensa que la función de los organismos completos es mantenerse vivos y reproducirse, algo que compartimos con otros seres vivos. Pero ¿existe una función exclusivamente humana, algo para lo que el ser humano sirva de un modo específico, de la misma manera que el ojo sirve para ver? No puede reducirse al mero hecho de estar vivos, algo que compartimos con las plantas, ni a ser capaces de percibir y de movernos, algo que compartimos con otros animales. La función distintivamente humana es, como hemos visto antes, nuestra capacidad de pensar de forma racional o, como dice Aristóteles, «la actividad del alma conforme a la razón». Un buen ser humano es, pues, aquel que piensa y actúa de un modo racional. Cuando hacemos esto, estamos funcionando como deberíamos, en tanto que animales racionales, y «felicidad» o «bienestar» es el nombre de ese adecuado funcionamiento.

Como vemos, felicidad y funcionamiento son dos nociones clave en el pensamiento de Aristóteles sobre cómo vivir una buena vida. Una tercera noción, igualmente clave, es la virtud. Como en el caso de la «felicidad», es importante detenerse un poco en la traducción. La palabra griega que utiliza Aristóteles es *aretē*, que significa algo así como «excelencia», por lo que su significado es un poco más amplio que el de mera «virtud moral». Cuando decimos que algo «tiene muchas virtudes», lo que queremos decir es que se trata de algo fuerte, sólido en muchos de sus aspectos, no algo moralmente bueno, y es ese el sentido de «virtud» que conviene tener presente. Si «virtud» significa «algo que es excelente», es fácil ver la conexión que existe entre esta idea y la de «algo que cumple bien su función». Aristóteles habla de las muchas y distintas virtudes que pueden tener las personas, así como de la idea más general de lo que significa ser virtuoso. Uno de los puntos clave que quiere transmitir es que cuando actuamos de forma virtuosa o excelente, estamos cumpliendo nuestra función como animales racionales y sociales. Cuando lo hacemos, experimentamos placer —un subproducto bienvenido— y disfrutamos de una vida buena y feliz. No hay conflicto, pues, entre actuar bien con los demás y nuestro propio interés, porque cuando actuamos socialmente, cuando somos buenos animales sociales, prosperamos también como individuos. De hecho, si actuáramos de un modo antisocial, iríamos en contra de nuestra naturaleza, la de animales sociales, lo cual generaría en nosotros un conflicto interno que nos impediría alcanzar lo único que realmente queremos: la felicidad.

Por eso, para vivir una vida buena y feliz, necesitamos ser virtuosos, lo que significa desarrollar una serie de rasgos de carácter positivos, propios de un ser humano. Aristóteles distingue entre las virtudes «intelectuales» y las «morales». Entre las virtudes intelectuales, incluye las que requieren nuestra racionalidad: la capacidad de adquirir conocimientos mediante el uso del razonamiento lógico; saber hacer cosas; saber tomar decisiones buenas y racionales; tener comprensión o sabiduría filosófica; ser, en suma, inteligente. Entre las morales, incluye una amplia variedad de virtudes tradicionales, como el valor, la moderación, la generosidad y la amistad. Define cada una de estas virtudes morales como puntos intermedios entre los extremos de dos vicios asociados. Por ejemplo, la cobardía es claramente un vicio: nadie quiere ser cobarde. En el otro extremo está la imprudencia, en la que alguien no se preocupa en absoluto por su seguridad. También es un vicio, en el sentido de que es un rasgo de carácter que preferiríamos no tener. En medio de estos dos extremos opuestos está la virtud del valor, que a veces nos impulsa a correr riesgos por las razones correctas en determinadas circunstancias, pero no de forma temeraria. Otro ejemplo interesante del que habla Aristóteles está relacionado con la ambición. Aristóteles sugiere que, llevada al extremo, la ambición puede ser ciertamente un vicio, y que su opuesto, la pereza desinteresada en conseguir algo, es igualmente algo que debe evitarse. Entre ambos extremos habrá una virtud, un término medio sensato, aunque Aristóteles no sepa cómo llamarlo. Pero una cosa está clara: hay que evitar los extremos. En su otra serie de conferencias sobre ética, conocida como *Ética eudemia* (que es distinta de la *Ética a Nicómaco*, aunque en parte se solape con ella), Aristóteles expone muchos de estos conjuntos de vicios y virtudes en una tabla, en la que va enumerando extremos opuestos, seguidos de la virtud que se sitúa entre ellos.

Esta idea de que las virtudes se sitúan entre dos extremos se denomina a veces «el justo medio», el término medio sensato. La persona moderada evita ser tacaña y dejarse llevar por el exceso. Nada en exceso. No suena especialmente emocionante. No es una propuesta muy inspiradora para los jóvenes. Pero es algo que le suena a cualquiera que lleve un tiempo en esto. El exceso puede ser divertido en breves momentos, pero no puede mantenerse durante mucho tiempo. Alguien con cierta experiencia en la vida también sabrá que puede ser difícil encontrar el equilibrio adecuado. ¿Dónde está el término medio? Se necesita mucha experiencia y cierto juicio intuitivo. Aristóteles lo describe así:

> Por lo cual es también una hazaña ser bueno. En efecto, el alcanzar el término medio en cada caso es una hazaña [...] de igual manera, también es propio de cualquiera y fácil el encolerizarse y el dar dinero y gastarlo, pero con quién, y en qué medida, y cuándo, y para qué, y cómo, ya no es propio de cualquiera ni tampoco fácil; por lo cual es bien escaso, elogiable y bello.

Dada la dificultad de la tarea, Aristóteles afirma que debemos mostrarnos comprensivos y ser indulgentes con las personas que a veces se desvían del camino. Al fin y al cabo, ¿no lo hacemos todos de vez en cuando? Pero, una vez más, no siempre está claro dónde trazar la línea que separa los errores morales leves de los graves y, en última instancia, se trata de una cuestión de juicio. Como dice Aristóteles, «no es fácil definir mediante una regla durante cuánto tiempo y en qué medida alguien puede equivocarse antes de incurrir en culpa».

Esta idea de un prudente término medio entre dos extremos no es exclusiva de Aristóteles. La encontramos ya en la cultura griega antigua, como en la máxima délfica antes citada: «nada en exceso»; y, en la *República*, Platón hace decir a Sócrates que uno debe seguir un camino intermedio, evitando los extremos a ambos lados, «porque esta es la senda más segura para el ser humano que busca la felicidad más elevada posible». Aristóteles se limitó a retomar un concepto que ya circulaba y que le pareció importante. Cabe señalar que esta idea también surgió de forma independiente en otras culturas, como la recomendación de Buda de seguir un camino intermedio entre los extremos del hedonismo y el ascetismo, y la afirmación de Confucio de que «el término medio es el bien supremo». Cuando los más grandes filósofos griegos, indios y chinos coinciden en un punto, merece la pena, seguro, considerarlo seriamente.

Hasta ahora hemos visto a Aristóteles hablar de virtudes intelectuales y morales. Lo ideal sería intentar encarnarlas todas. Pero los distintos modos de vida pueden hacer que unas destaquen sobre otras. Al reflexionar sobre cómo debe ser una vida buena para un ser humano, Aristóteles considera una serie de opciones que compiten entre sí. ¿Qué es lo que debemos perseguir? Descarta de plano una vida dedicada a ganar dinero, pues es el tipo de cosa que habría que hacer solo por necesidad; una vida dedicada a eso es errónea, puesto que se consagra a lo que no es más que un bien instrumental. También se detiene a examinar qué es una vida dedicada a la búsqueda del placer, la vida que lleva la mayoría de la gente —dice— porque creen, erróneamente, que el placer les dará la felicidad. Aunque puede ser razonable perseguirlo de vez en cuando, sería un error considerarlo el bien supremo. Una vida centrada solo en la búsqueda del placer puede ser adecuada para los animales, pero no lo es para un ser humano racional. Descartadas estas dos concepciones erróneas de la vida, quedan, según Aristóteles, otras dos opciones más serias.

La primera es lo que él llama un modo de vida «político», que asocia con la búsqueda del honor o de la buena reputación. Es la vida del ciudadano activo y comprometido que participa plenamente en su comunidad y, como tal, es la expresión de nuestra naturaleza de animales sociales. Una persona así quiere actuar bien dentro de la comunidad, que la vean actuar bien y que sus iguales la elogien. Quiere ser admirada y respetada. Para tener éxito en este modo de vida, se necesitan las virtudes morales. Las virtudes intelectuales ayudarán también —especialmente la capacidad de tomar buenas decisiones—, pero podríamos afirmar que las virtudes morales ocupan un lugar central.

La segunda es «la vida contemplativa» y que ya hemos mencionado antes, la dedicada a intentar comprendernos a nosotros mismos y al mundo que nos rodea, la vida del filósofo o del científico, y que es una expresión de nuestra naturaleza de animales racionales. Según Aristóteles, ambas formas de vida, que sacan a relucir distintos aspectos de la condición humana, son adecuadas y loables. Aun así, parece bastante claro que Aristóteles sentía una marcada predilección por la vida contemplativa como el ideal más elevado para un ser humano, o al menos para sí mismo. Aunque la vida del ciudadano comprometido sea admirable, una de las objeciones de Aristóteles es que depende en parte de las opiniones de los demás. Uno solo puede estar bien considerado en su comunidad si los demás así lo creen. La vida contemplativa, por el contrario, es autosuficiente, no depende de nadie.

Cuando pensemos en *vivir* una buena vida, no debemos olvidar que se trata de una actividad, de un proceso: son las cosas que hacemos, que realizamos, no un estado ideal de bienestar que debamos alcanzar y que hará que todo vaya bien para siempre, una vez que lo alcancemos. La vida no funciona así. Es un proceso continuo y cambiante, un largo y tortuoso camino desde el nacimiento hasta la muerte. De nuevo, es posible que el punto de vista de Aristóteles como biólogo influyera en su pensamiento, pero también debemos recordar sus reflexiones más abstractas sobre la naturaleza del ser en acto y del ser en potencia. Un ser humano, decía, es una criatura con un cierto conjunto de habilidades o de capacidades. Pero un ser humano que se queda quieto y no hace nada se diferencia poco de un cadáver. No basta con tener esas capacidades, hay que utilizarlas: en eso consiste estar vivo. En lugar de pensar en lo que *somos*, debemos pensar en lo que *hacemos*.

Aristóteles creía también que deberíamos entender la felicidad como una actividad. Señalaba lo extraño que sería decir que alguien es feliz cuando duerme. La felicidad no es algo que pertenezca a alguien como una mera tendencia, como una disposición, sino una característica de una vida que discurre por el buen camino. En tanto que bien supremo, debe referirse a una actividad intrínsecamente buena, es decir, que no se realiza por algo ajeno a ella misma. Las acciones virtuosas son intrínsecamente buenas: las realizamos porque es lo correcto, no por el beneficio que podamos obtener de ellas. Por lo tanto, concluye, parece que realizar acciones virtuosas —hacer cosas intrínsecamente buenas— puede ser la clave de la felicidad. Una vez más, no se trata de «ser virtuoso» en el sentido de poseer alguna cualidad, sino de actuar de una determinada manera, de hacer lo correcto. Si describimos a alguien como, por ejemplo, generoso, debería ser solo porque actúa sistemáticamente de forma generosa.

Esta idea de que tenemos que entender la vida humana como actividad (y una vida humana buena y feliz como actividad virtuosa) llevó a Aristóteles a rechazar la idea de que debemos valorar los periodos de inactividad, de no hacer nada. Muchas personas, después de una dura semana de trabajo, anhelan el descanso y la diversión del fin de semana. Pero sería un error, sugiere Aristóteles, pensar que es ahí donde encontraremos la felicidad. Sería extraño que todos los problemas y penurias de la vida tuvieran como objetivo divertirse. Un objetivo así no tiene sentido. Todos necesitamos descansar y pasar algún tiempo sin hacer nada, por supuesto, pero esos momentos de relajación son por el bien de la actividad, para permitirnos cargar las pilas antes de volver a los asuntos de la vida.

Pero ¿en qué consiste esa vida? ¿Qué debemos hacer? Como es lógico, la gente hace cosas muy diversas, y una comunidad humana floreciente y culta presupone cierto grado de especialización y de división del trabajo. Aristóteles diría, seguramente, que, hagamos lo que hagamos, debemos tener en cuenta las virtudes y hacerlo lo mejor que podamos. Pero, por descontado, también es necesario saber cuál es la actividad humana más importante. Como ya hemos visto, Aristóteles cree que la característica que define a los seres humanos es la racionalidad, por lo que las virtudes intelectuales son, en cierto modo, las más importantes. La mejor manera de emplear nuestro tiempo es pensar, filosofar, y la forma más elevada de vida para un ser humano es la dedicada a la investigación intelectual y a la contemplación.

Evidentemente, no todo el mundo puede dedicar su vida entera a la contemplación. De hecho, tal vez nadie pueda, porque hacerlo sería vivir una vida incorpórea, alejada de las realidades del ser humano. Sería como intentar vivir la vida de un dios, dice Aristóteles. Sin embargo, insiste en que la reflexión filosófica es la más placentera de las actividades virtuosas. También es una de las cosas más autosuficientes que podemos hacer, en el sentido de que no necesitamos ningún equipo o material costoso; solo tomarnos un tiempo para detenernos y pensar, para considerar en profundidad el tipo de grandes cuestiones con las que hemos visto lidiar al propio Aristóteles. Lo único que necesitamos es tiempo. Hace un momento veíamos que Aristóteles rechazaba la idea de que la relajación ociosa sea fundamental para una buena vida, aunque todos necesitemos un descanso de vez en cuando. A pesar de ello, subraya la importancia de lo que denomina «tiempo libre». Si queremos ser capaces de dedicarnos a lo que Aristóteles considera la actividad humana definitoria —la reflexión racional sobre el mundo y nuestro lugar en él—, necesitamos tiempo libre de exigencias prácticas, libre del trabajo mundano y de las responsabilidades, pero no para practicar una diversión inactiva y ociosa, sino para dedicarlo a la actividad más importante que existe: la de la mente. No todos podremos dedicar todo nuestro tiempo a la vida de la mente, pero quizá podamos intentar incluir momentos de reflexión en nuestras rutinas habituales. Aristóteles insiste en que, si no lo hacemos, no estaremos viviendo una vida plenamente humana. Pero, del mismo modo, si a eso se reduce toda nuestra vida, si no hacemos otra cosa, quizá también estemos fracasando por exceso. El camino correcto se encontrará, una vez más, en el término medio.

CAPÍTULO 7
UNA VIDA DE INDAGACIÓN

Aristóteles pasó el último periodo de su vida en Atenas. Cuando regresó, tras su estancia en Macedonia, la Academia tenía un nuevo director, Jenócrates, que había asumido el cargo tras la muerte de Espeusipo, sobrino de Platón, en 339 a. C. Era, quizá, la segunda vez que otra persona lo sustituía en un puesto para el que parecía destinado. Aunque Jenócrates era algo mayor que Aristóteles, ambos habían estudiado juntos con Platón, y no es improbable que a Aristóteles le resultara un tanto extraño volver a la Academia bajo la dirección de alguien a quien consideraba un igual. Otra posibilidad es que sintiera poco respeto intelectual por Jenócrates, a quien una fuente antigua describe como torpe e indolente. Se cuenta que Platón dijo una vez que, mientras Jenócrates necesitaba una espuela, a Aristóteles le bastaba con una brida. Cabe imaginar que el potro intelectual no deseaba ser guiado por una acémila. Pero no solo se trataba de diferencias personales. Los intereses intelectuales de Aristóteles eran ahora muy diferentes de la metafísica abstracta que había estudiado de joven en la Academia. Desde entonces, se había dedicado a intentar comprender el mundo natural y a reunir material para sus estudios sobre los animales. Su íntimo amigo y colaborador, Teofrasto, también hacía lo propio para sus estudios sobre las plantas. Había llegado el momento de que Aristóteles y Teofrasto fundaran su propia escuela.

La ciudad de Atenas contaba con tres gimnasios o parques públicos en sus alrededores. Uno era la Academia, a poca distancia del centro, hacia el noroeste. Otro era el Cinosargo, al sur. El tercero era el Liceo, al este de la ciudad, y aquí es donde Aristóteles y Teofrasto decidieron establecerse. Su elección no carecía de precedentes, ya que Sócrates había acudido allí en ocasiones para debatir sobre filosofía. Se ha discutido mucho sobre qué tipo de instituciones eran la Academia y el Liceo. Ambas llevan el nombre de lugares públicos dedicados al ejercicio, pero ahora estos nombres se asocian principalmente con los centros de aprendizaje establecidos allí por Platón y Aristóteles. Parece probable que, en ambos casos, personas de ideas afines se reunieran para debatir cuestiones filosóficas en estos parques públicos y que, con el tiempo, se compraran propiedades cercanas que quizá constituyeron una especie de base de operaciones privada. Sabemos que Platón poseía un jardín de su propiedad cerca de la Academia pública. Lo mismo parece ocurrir con el Liceo. A Aristóteles, como forastero, no se le permitía poseer propiedades, pero en un primer momento es posible que se limitara a alquilar. Con el tiempo, la propiedad fue adquirida y pasó después a manos de Teofrasto, aunque no antes, seguramente, de la muerte de Aristóteles.

La propiedad privada del Liceo aristotélico incluía un jardín, un conjunto de casas y un *peripatos*, una arcada o, quizá, una avenida arbolada (la palabra se refiere a un lugar para pasear). De ahí que los miembros de la escuela de Aristóteles recibieran el nombre de «peripatéticos», es decir, «aquellos que se reunían en los peripatos». A veces se ha pensado que la palabra aludía al hábito de Aristóteles de caminar mientras enseñaba, pero en la actualidad esta opción casi se ha descartado. La imagen de los filósofos caminando mientras discuten quizá sea más adecuada para la Academia que para el Liceo. En las obras de Aristóteles, basadas en sus lecciones, encontramos a menudo referencias a diagramas, tablas y otras ayudas de carácter visual, por lo que lo más natural es suponer que enseñaba desde un lugar fijo utilizando el equivalente antiguo de la pizarra. También habría una biblioteca —cuyo núcleo lo constituiría, casi seguro, la propia biblioteca de Aristóteles, fruto de su afición al coleccionismo de libros— y, en un momento dado, Teofrasto habla de que se colocaban mapas en las paredes para ayudar en la investigación. Aristóteles compró los libros que antes habían pertenecido a Espeusipo. Se dice que pagó una enorme suma por ellos y es tentador especular con la posibilidad de que, entre estos, se encontraran los que habían pertenecido a Platón y que Espeusipo había heredado. Quizá a nadie en la Academia se le ocurriera que valía la pena adquirirlos, pero Aristóteles conocía bien el valor de una biblioteca de investigación bien surtida.

¿Qué tipo de institución era el Liceo? ¿Es «institución» un nombre excesivo para describir lo que quiera que fuese? A menudo se la ha calificado como «institución educativa», una antigua protouniversidad, con un cuerpo de estudiantes a los que se enseñaba. Sin embargo, no está nada claro que esta fuera su misión principal. No hay razón para creer que a Aristóteles le apeteciera de verdad convertirse en profesor o que hubiera aceptado cobrar por impartir sus enseñanzas. Como hemos visto, él era ante todo un investigador, un científico, alguien dedicado a intentar comprender el mundo en el que vivía. Y el Liceo era, en esencia, un pequeño grupo de personas con ideas afines que compartían esa pasión por el conocimiento. Si Aristóteles daba lecciones sobre distintos temas, lo más probable es que lo hiciera ante un reducido número de colegas —al estilo de los seminarios de investigación actuales— y no ante una audiencia más numerosa, compuesta por jóvenes —como las lecciones de los estudiantes universitarios—. Eran un grupo selecto de estudiosos, privado, cuyas enseñanzas se dirigían a sus miembros, no a otras personas procedentes del exterior, aunque lo más seguro es que no se tratase de un grupo completamente cerrado y que acogiera a nuevos miembros interesados a medida que iban apareciendo.

Las palabras «erudito» y «escuela»* proceden de la misma palabra griega, *scholē*, que se refiere al ocio o tiempo libre. Un erudito es alguien que dispone de tiempo libre para dedicarse a sus intereses intelectuales. De hecho, en su *Ética a Nicómaco*, Aristóteles señaló que el ocio era una de las cosas necesarias para

* *Scholar* y *school* en el original. *(N. del T.)*

que alguien se dedicara a la filosofía. No se necesita mucho más, pero sí tiempo. También es necesario que la sobrecarga de responsabilidades prácticas no distraiga demasiado, además de tener cubiertas las necesidades básicas de la vida. En resumen, no hay que trabajar mucho y, en el mejor de los casos, no hay que trabajar nada. El Liceo era, pues, una comunidad de eruditos, individuos lo bastante ricos como para no tener que trabajar todo el día, lo que les daba tiempo libre para poder dedicarse a actividades intelectuales como la filosofía y la ciencia. Mantener a raya las necesidades cotidianas no requería una fortuna, pero sí disponer de algunos medios que garantizaran la independencia.

En el año 323 a.C., murió Alejandro Magno, lejos de allí, en Babilonia. Aunque esto no tuvo un impacto directo en la política de Atenas, que, como hemos visto, estaba bajo el control de los macedonios, la muerte de la fuente última del poder macedonio llevó a muchos atenienses —la otrora orgullosa democracia— a expresar con menos trabas su hostilidad hacia sus gobernantes extranjeros. No es de extrañar que Aristóteles se viera atrapado en medio de todo esto: había trabajado para Filipo de Macedonia y había sido tutor de Alejandro. El Liceo se financió probablemente con el dinero que había ganado cuando trabajaba para Filipo y puede que se percibiera en última instancia como una organización macedonia. Aristóteles se sintió amenazado y decidió que era prudente marcharse. Se dirigió a Calcis, a unos cincuenta kilómetros al norte de Atenas y en otro tiempo hogar de su madre, donde es posible que ya poseyera una propiedad heredada de su familia. Se dice que Aristóteles afirmó que se marchaba de Atenas para que los atenienses no pudieran pecar contra la filosofía por segunda vez: en un eco ominoso de los acontecimientos que habían conducido al juicio y ejecución de Sócrates, se habían presentado cargos legales contra Aristóteles y, por infundados que fueran, este se vio en peligro. Es difícil saber hasta qué punto la amenaza era real. Puede que hubiera un elemento de paranoia, o tal vez la inquietud suficiente para que le resultara imposible concentrarse en sus tareas intelectuales. En Calcis, Aristóteles fundó, quizá, una nueva escuela, ya que una antigua fuente sugiere que enseñó allí. Parece probable también que Teofrasto, mientras Aristóteles estuvo fuera, asumiese el control de los asuntos del Liceo. Pero esta situación no duró mucho: al cabo de un año, Aristóteles había muerto, lejos de sus amigos y de su hogar adoptivo. Un final algo desalentador para lo que había sido una vida extremadamente rica.

Tras la muerte de Aristóteles, Teofrasto se convirtió en director del Liceo, si es que no lo era ya. Los macedonios reafirmaron su control político sobre Atenas, poniendo a Demetrio de Falero al frente de la ciudad. Demetrio era seguidor de Aristóteles. Aunque su maestro había huido para salvar la vida, Teofrasto contaba ahora con un amigo en las altas esferas que le ayudó a conseguir la propiedad del Liceo. Teofrasto dirigió la institución durante treinta y seis años, hasta el 287 a.C. Le sucedió Estratón de Lámpsaco, y a este algunos otros. Ninguna de estas figuras posteriores alcanzó la altura intelectual de

Aristóteles o de Teofrasto y no se conserva ninguna de sus obras. El Liceo, a pesar de aquellos primeros años de gloria, no llegó a convertirse en un centro intelectual de primer orden y decayó con bastante rapidez.

Pero, aunque el Liceo no dejara una huella duradera en la vida intelectual ateniense, sí lo hizo en otro lugar, más al sur. Tras la muerte de Alejandro, el vasto territorio que este había conquistado se repartió entre varios de sus generales. Uno de ellos, Ptolomeo, se hizo cargo de Egipto, convirtiendo la ciudad de Alejandría en su nuevo hogar. Hacia el año 300 a.C., Ptolomeo decidió fundar un museo y una biblioteca como nuevos centros de actividad intelectual. Invitó a Teofrasto a Alejandría para que le ayudara, pero no tuvo éxito. Sí lo logró con Demetrio de Falero, que aceptó ser asesor del rey, y finalmente se convirtió en el primer director de lo que sería la famosa Biblioteca de Alejandría. Estratón de Lámpsaco también pasó un tiempo allí como tutor del hijo del rey, que se convertiría en Ptolomeo II. Demetrio continuó al frente de la biblioteca bajo el mandato de Ptolomeo II. Se dice que supervisó la producción de la versión griega de las escrituras hebreas, conocida como la Biblia Septuaginta.

La biblioteca se convertiría en la mayor y más importante del mundo antiguo, el centro neurálgico de una amplia gama de actividades intelectuales que iban desde la astronomía y las matemáticas hasta la crítica literaria. Muchas de las grandes figuras intelectuales relacionadas con ella eran auténticos polímatas, como lo había sido Aristóteles. Eratóstenes, que ejerció como director de la biblioteca durante el reinado de Ptolomeo III, se dedicó a la crítica literaria, la historia, las matemáticas, la poesía y la geografía. Hoy se le recuerda por ser el primero en calcular la circunferencia de la Tierra con una precisión asombrosa. Aristarco, discípulo de Estratón, esbozó un modelo heliocéntrico del universo en el siglo III a.C. En otro ámbito, Herófilo fue más allá de la disección de animales de Aristóteles y practicó la disección en cuerpos humanos, lo que le permitió descubrir la existencia de los nervios. Otros realizaron trabajos filológicos sobre el texto de Homero y sobre las obras de los grandes trágicos atenienses. Si algún lugar encarnaba el espíritu multidisciplinar de Aristóteles en materia de innovación intelectual era Alejandría, y esto resulta mucho menos sorprendente teniendo en cuenta que miembros destacados del Liceo contribuyeron a su creación.

En el siglo I a.C., los textos que hoy conocemos como aristotélicos volvieron a circular tras años de olvido. Como vimos anteriormente, los apuntes de Aristóteles habían pasado a manos de Teofrasto, quien a su vez los legó a su discípulo Neleo, y los familiares de este los abandonaron a su suerte. Cuando se descubrieron, copiaron y difundieron, atrajeron enseguida la atención y pasaron a formar parte del plan de estudios filosóficos de la Antigüedad tardía, especialmente en Alejandría. Las lecciones de varios filósofos de la Antigüedad tardía eran comentarios a las obras de Aristóteles. Ya hemos señalado los esfuerzos que hizo Boecio para traducir a Aristóteles al latín en el siglo VI d.C., de quien solo logró plasmar en esta lengua las obras lógicas. Estas mismas se tradujeron también al siriaco y, a través de estas versiones, al árabe. Con el tiempo, casi todos los textos de Aristóteles se tradujeron al árabe, y en el siglo X la gran ciudad medieval de Bagdad se había convertido en un floreciente centro de filosofía aristotélica. En el siglo XII, los eruditos griegos de Constantinopla, reunidos por la princesa bizantina Ana Comnena, estudiaron los textos de Aristóteles y escribieron comentarios sobre sus obras. Unas décadas más tarde, en la España musulmana, el gran filósofo y jurista Ibn Rushd —conocido en el Occidente latino como Averroes— se embarcó en un ambicioso plan para escribir comentarios sobre cada una de los libros de Aristóteles. Averroes sería una importante influencia para su contemporáneo, el célebre filósofo judío Maimónides. Atraídos por el vibrante clima intelectual de Al-Ándalus, eruditos de diversas partes de Europa viajaron a España en busca de conocimientos científicos y filosóficos. Entre ellos se encontraba Gerardo de Cremona, que viajó a Toledo, donde aprendió árabe para traducir al latín la *Física* de Aristóteles y otras obras. Un poco más tarde, el filósofo y científico Miguel Escoto también tradujo obras de Aristóteles del árabe al latín, además de traducir un buen número de comentarios de Averroes. En paralelo a las traducciones del árabe al latín, las obras de Aristóteles se tradujeron también directamente del griego al latín. Una figura clave en este proceso fue Guillermo de Moerbeke, en el siglo XIII, pero hubo otros antes que él, como Santiago de Venecia. Una de las obras más famosas de Aristóteles, la *Ética a Nicómaco*, fue traducida por Robert Grosseteste, obispo de Lincoln y primer canciller de la Universidad de Oxford.

A mediados del siglo XIII, casi todas las obras de Aristóteles estaban disponibles en latín e inspiraron una gran actividad filosófica en las recién fundadas universidades de París y de Oxford. Sin embargo, no estuvieron exentas de polémica. En pocas décadas, las autoridades de la Universidad de París condenaron una serie de ideas aristotélicas que entraban en conflicto con las enseñanzas cristianas. Otros tomaron un camino más conciliador e intentaron unir la filosofía aristotélica con la teología cristiana. El más famoso de ellos fue Tomás de Aquino. A pesar de las condenas, Aristóteles se convirtió rápidamente en un elemento central del currículo universitario desde el siglo XIII hasta principios de la Edad Moderna. La gente se refería a él simplemente como «el Filósofo». Estudiar filosofía era estudiar a Aristóteles.

Durante el Renacimiento italiano, los nuevos humanistas intentaron de forma deliberada rechazar gran parte de la cultura de la Edad Media y volver a conectar directamente con la Antigüedad. Para algunos, como Francesco Petrarca, esto significaba rechazar a Aristóteles, o al menos la idolatría que le habían profesado los filósofos escolásticos medievales. Otros adoptaron un punto de vista diferente y cuestionaron la versión medieval de Aristóteles remontándose a fuentes antiguas. En el caso de Leonardo Bruni, esto significó traducir de nuevo a Aristóteles al latín humanista y subrayar los aspectos humanistas de su pensamiento, dejando a un lado sus obras sobre lógica y metafísica y centrándose en las que trataban de política, de retórica y de poética. A medida que se extendía el conocimiento del griego, los renacentistas volvieron sobre las fuentes aristotélicas originales y sobre la obra de sus comentaristas griegos, y desecharon las traducciones y los comentarios medievales. El gran erudito e impresor Aldo Manucio, afincado en Venecia, contribuyó de manera decisiva a ello al imprimir por primera vez, a finales del siglo XV, todas las obras de Aristóteles en griego.

Hay un viejo relato en el que se afirma que el desarrollo de la ciencia moderna durante los siglos XVI y XVII supuso —de hecho, exigió— una ruptura total con la tradición aristotélica existente. Aristóteles se había convertido en una figura de una autoridad intelectual tan abrumadora que su sombra impedía el progreso. Como dijo Francis Bacon, «el conocimiento derivado de Aristóteles, y exento de examen, no llegará más alto ni más lejos de lo que ha llegado el conocimiento del propio Aristóteles». En realidad, la situación era más compleja de lo que da a entender este relato de rechazo generalizado. Varios pensadores del siglo XVI eran muy conscientes de la grandeza de Aristóteles en lo que respecta a la observación e investigación de la realidad. El problema no era el propio Aristóteles, sino el modo en que algunos lo habían leído. Jacopo Zabarella estableció una distinción entre el intérprete de Aristóteles, que se centra únicamente en lo que este escribió, y el verdadero aristotélico, que abraza su espíritu de investigación. Se trataba de una distinción entre centrarse en la doctrina o en el método, en la letra o en el espíritu de las obras aristotélicas. Por la misma época, Alessandro

Piccolomini afirmó que, para ser un aristotélico de verdad, se basaría ante todo en la experiencia y en la observación, aunque eso significara estar en desacuerdo con Aristóteles de vez en cuando. Para «imitar mejor a Aristóteles —escribió—, abandonaré a Aristóteles [...] cada vez que mis hallazgos entren en contradicción con los suyos». «Esta es la única manera aristotélica de filosofar», añadía, la que, «en nombre de la razón y del sentido», estará dispuesta a pasar por alto la autoridad de todos los maestros.

Un ejemplo muy representativo de esta forma de pensar lo encontramos en Galileo Galilei. En su famoso *Diálogo sobre los dos máximos sistemas del mundo*, Galileo se burló de los aristotélicos de su época por su devoción servil y literal a las obras de Aristóteles, independientemente de las nuevas pruebas que se les presentaran. Galileo afirmaba al respecto que «si Aristóteles estuviera vivo, cambiaría de opinión». Galileo Galilei se describía a sí mismo como un aristotélico a lo Piccolomini, es decir, libre de apartarse de las opiniones de Aristóteles cuando las pruebas así lo exigieran. Se daba cuenta de que el espíritu de los siglos XVI y XVII, centrados en la observación y en la experimentación, era genuinamente aristotélico. El propio Aristóteles habría detestado ver sus obras convertidas en fuentes doctrinarias, rígidas.

En el siglo XVIII, a Aristóteles se le veía como una reliquia del pasado que aún se enseñaba en algunas universidades retrógradas, pero que en su mayor parte se consideraba irrelevante a la luz de los nuevos y apasionantes avances propiciados por la Ilustración. Los estudiosos de la época clásica volvieron a él en el siglo XIX con un interés filológico, sobre todo. Sus obras se editaron y tradujeron de nuevo, en un contexto en el que ya no era aquella prepotente figura de autoridad, de modo que resultó más fácil evaluarlo en sus propios términos. Cuando Charles Darwin recibió una traducción reciente de *Partes de los animales*, quedó profundamente impresionado por la sofisticación de las observaciones de Aristóteles en materia de biología. A principios del siglo XX, el erudito clásico alemán Werner Jaeger cuestionó la idea de que las obras de Aristóteles constituyeran un cuerpo doctrinal único, exhaustivo y dogmático, como se habían considerado hasta entonces, argumentando que cada una de ellas correspondía a una etapa diferente del desarrollo intelectual del filósofo. Una vez más, Aristóteles se convertía en un ser humano falible, cuyas primeras obras reflejaban la fuerte influencia de Platón, pero que más tarde se liberó y afirmó su independencia intelectual. Obras como la *Metafísica* se examinaron de nuevo y se vieron como recopilaciones un tanto desordenadas de notas para lecciones, escritas en diferentes etapas de la vida del filósofo y reunidas por un editor posterior. Esta reevaluación tenía también un enfoque del todo aristotélico, ya que el propio Aristóteles no se privó de examinar desde un punto de vista crítico las ideas y los escritos de sus predecesores.

A la luz de todo esto, parece que podemos establecer una clara distinción entre dos formas diferentes de utilizar la palabra «aristotélico». La primera es lo que podríamos llamar «aristotelismo dogmático». A menudo se asume que nuestro filósofo dejó un cuerpo de pensamiento único y sistemático y que ser aristotélico significa suscribir la veracidad de este sistema, siguiendo servilmente, al pie de la letra, sus textos. A lo largo de la historia ha habido muchos aristotélicos dogmáticos.

Pero el mismo Aristóteles no tenía nada de dogmático. Sus obras no constituyen un sistema único y unificado, y a menudo aborda temas más de una vez, en distintos lugares, ofreciendo respuestas que podrían ser contradictorias. Tal vez, como se ha sugerido, estas respuestas sean un reflejo de las diferentes etapas de su desarrollo intelectual. O tal vez sean el resultado de observar el mismo problema desde distintos ángulos, distintas perspectivas con el fin de acercarse a la verdad. Sus escritos son a menudo provisionales, intentos de dar respuestas verosímiles a cuestiones complejas, siempre abiertos a revisión. De hecho, uno de sus traductores ha subrayado, no sin cierta frustración, la «excesiva cautela» del filósofo griego, la frecuencia con que Aristóteles utiliza la palabra «quizá». En sus obras sobre los animales, es bastante explícito al respecto: toda teoría está abierta a la refutación si las nuevas observaciones conducen a ello. Tampoco le gustaba la idea de las figuras de autoridad intelectual, y es famoso su comentario de que, aunque él era amigo de Platón, era más amigo aún de la verdad. Exponía ideas que consideraba ciertas —o, al menos, las más verosímiles— y que se basaban en la observación y en la argumentación, pero es difícil imaginar que esperara que alguien creyera algo de lo que decía solo porque lo había dicho él.

Aristóteles estaba comprometido con una vida de indagación, de continua investigación y observación en la búsqueda del conocimiento. Es esta idea de investigación abierta y de curiosidad incesante la que puede darnos un segundo sentido, y mucho mejor, de lo que significa ser aristotélico: el que adoptaron Zabarella, Piccolomini y Galileo. Todos los seres humanos desean, por naturaleza, conocer. Ser aristotélico en este sentido es, simplemente, ser humano de la forma más plena posible. No se trata de aceptar como cierto nada de lo que dijo Aristóteles —de hecho, algunas de sus ideas se han revelado, a la luz de los conocimientos actuales, como falsas—, sino de unirse a él en el proceso continuo de intentar comprender el mundo en el que vivimos. Para animales curiosos por naturaleza como nosotros, en eso consiste la vida, la vida humana.

GUÍA DE LOS TEXTOS DE ARISTÓTELES

Todas las obras de Aristóteles que se conservan están reunidas en *Aristoteles Graece*, editado por Immanuel Bekker y publicado en dos volúmenes en Berlín, en 1831 (los dos primeros de la *Opera Aristotelis* en cinco volúmenes de 1831-1870). Aunque existen ediciones más recientes de muchas obras exentas, la edición de Bekker sigue siendo una referencia y es práctica común utilizar sus números de página, columna y línea para referirse a pasajes específicos de las obras aristotélicas. La edición de Bekker, repartida en dos volúmenes, tiene paginación continua. Cada página está impresa en dos columnas, a las que normalmente se hace referencia con las letras «a» y «b». Los números de línea (5, 10, 15, 20, etc.) están impresos en el centro de cada página, entre las dos columnas. Una «referencia Bekker» típica es la siguiente: 1245b12-14, que remite a la página 1245, columna b, líneas 12-14. Este número por sí solo guiará al lector hasta el pasaje adecuado, incluso sin el título de la obra. Estas referencias suelen aparecer en los márgenes de las traducciones modernas.

Una segunda forma de referirse a las obras de Aristóteles es utilizar los libros y los capítulos (o solo el capítulo para las obras de un libro). Por ejemplo, «*Ética a Nicómaco* 1.4» remite al capítulo 4 del libro 1 de esa obra. Los libros suelen designarse con números, pero en la *Metafísica* de Aristóteles estos se designan a veces con letras del alfabeto griego, como A.1, Γ.4, Θ.2, etc. Alguien familiarizado con el alfabeto griego —alfa (A), beta (B), gamma (Γ)— podría suponer que el Libro B corresponde al Libro 2. Sin embargo, las cosas se complican por el hecho de que al Libro A le sigue el Libro α (a menudo denominado «alfa menor»), por lo que, de hecho, el Libro B es el Libro 3, y así sucesivamente.

Es práctica habitual también referirse a las obras de Aristóteles por sus títulos latinos tradicionales, aunque los propios textos estén en griego. Estos títulos latinos suelen abreviarse. Así, la *Ética a Nicómaco* suele denominarse *Ethica Nicomachea* o, más a menudo, *Eth. Nic.*, o simplemente EN. Esto significa que el mismo pasaje podría llamarse de cualquiera de las siguientes formas (o combinaciones de ellas): *Ética a Nicómaco* 1.4 o *Eth. Nic.* 1.4, 1245b12-14 o simplemente EN 1245b12-14. Pero la referencia Bekker, 1245b12-14, sin otro tipo de ayuda, siempre guiará al lector al pasaje del texto que busca.

En la página siguiente se ofrece una lista completa de las obras de Aristóteles, junto con las abreviaturas de uso común y la paginación de Bekker. La edición de Bekker incluye una serie de obras que ya no se consideran de Aristóteles; no las he enumerado aquí y su ausencia explica por qué la paginación de Bekker no es continua.

Más allá de la clasificación de Bekker, Valentin Rose reunió fragmentos de las obras perdidas de

Aristóteles en el quinto volumen de *Aristotelis Opera* (1870); una edición revisada que Rose publicó en 1886 se ha convertido en la colección canónica. A finales del siglo XIX se descubrió en papiro una obra titulada *Constitución de los atenienses* (*Ath. Pol.*), atribuida a Aristóteles cuando se publicó por primera vez en 1891. En la actualidad, suele considerarse un producto de su escuela más que del propio Aristóteles, pero se incluye regularmente en las ediciones recopilatorias y traducciones de sus obras.

Título en castellano	Abreviatura latina	Páginas correspondientes en la edición de Bekker
Categorías	*Cat.*	1-15
Sobre la interpretación	*Int.*	16-24
Primeros analíticos	*An. Pr.*	24-70
Segundos analíticos	*An. Post.*	71-100
Tópicos	*Top.*	100-164
Refutaciones sofísticas	*Soph. El.*	164-184
Física	*Phys.*	184-267
Sobre el cielo	*Cael.*	268-313
Acerca de la generación y la corrupción	*Gen. Corr. (GC)*	314-338
Meteorología	*Meteor.*	338-390

Acerca del alma	*De An. (DA)*	402-435
Tratados breves de historia natural	*Parv. Nat.*	436-480
Historia de los animales	*Hist. An. (HA)*	486-638
Partes de los animales	*Part. An. (PA)*	639-697
Movimiento de los animales	*Mot. An. (MA)*	698-704
Marcha de los animales	*Inc. An. (IA)*	704-714
La generación de los animales	*Gen. An. (GA)*	715-789
Metafísica	*Metaph.*	980-1093
Ética a Nicómaco	*Eth. Nic. (EN)*	1094-1181
Ética eudemia	*Eth. Eud. (EE)*	1214-1249
Política	*Pol.*	1252-1342
Retórica	*Rhet.*	1354-1420
Poética	*Poet.*	1447-1462

Para muchas de las obras individuales de Aristóteles, las ediciones modernas estándar son las de la colección de Oxford Classical Texts, publicada por Oxford University Press. La colección Loeb Clasical Library, publicada por Harvard University Press, incluye todas las obras de Aristóteles en griego junto con sus correspondientes traducciones al inglés.

El grueso de las obras de Aristóteles se tradujo al inglés en doce volúmenes bajo el título *The Works of Aristotle Translated into English* [Las obras de Aristóteles traducidas al inglés], editado por W. D. Ross entre 1908 y 1952. A menudo se la conoce como «la traducción de Oxford». Fue revisada y editada por Jonathan Barnes y publicada en dos volúmenes por Princeton University Press como *The Complete Works of Aristotle*, en 1984. Conocida como «la traducción revisada de Oxford», incluye tanto las obras auténticas como las espurias recopiladas por Bekker, junto con una sustanciosa selección de los fragmentos. Es la obra completa de Aristóteles que se considera canónica en inglés.

Existen numerosas traducciones de obras sueltas, sobre todo de las consideradas más importantes. La serie Penguin Classics incluye traducciones de *Acerca del alma*, la *Metafísica*, la *Ética a Nicómaco*, la *Poética*, la *Política* y la *Retórica*. En este libro he citado diferentes traducciones —Penguin, Oxford, Loeb— y, en algunos casos, he aportado las mías propias.

LECTURAS COMPLEMENTARIAS

Aquellos lectores que deseen profundizar en Aristóteles tienen a su disposición las siguientes obras introductorias que ofrecen panoramas más completos de su filosofía: G. E. R. Lloyd, *Aristotle. The Growth and Structure of his Thought* (Cambridge, Cambridge University Press, 1968); J. L. Ackrill, *Aristotle the Philosopher* (Oxford, Clarendon Press, 1981); Jonathan Lear, *Aristotle. The Desire to Understand* (Cambridge, Cambridge University Press, 1988); Jonathan Barnes, *Aristotle. A Very Short Introduction* (Oxford, Oxford University Press, 2000); Christopher Shields, *Aristotle* (Londres, Routledge, 2007).

BIOGRAFÍA

Existe una antigua semblanza biográfica de Aristóteles en la obra de Diógenes Laercio *Vidas de los filósofos ilustres* (5.1-35). También se conservan otras biografías antiguas, que pueden consultarse en *Aristotle in the Ancient Biographical Tradition*, de Ingemar Düring (Gotemburgo, Elanders, 1957). La más moderna de las biografías de Aristóteles es *Aristotle Fundamentals of the History of His*

Development (1934; 2.ª ed., Oxford, Clarendon Press, 1948; edición original en alemán de 1923). La mejor obra reciente es *Aristotle. His Life and School*, de Carlo Natali (Princeton, Princeton University Press, 2013; edición original en italiano de 1991).

CAPÍTULO 1: LA VIDA CONTEMPLATIVA

Para más información sobre la Academia de Platón y el yacimiento arqueológico, véase Paul Kalligas *et al.* (eds.), *Plato's Academy. Its Workings and Its History* (Cambridge, Cambridge University Press, 2020). Los fragmentos del poema de Parménides pueden encontrarse traducidos en muchos lugares, entre ellos *Early Greek Philosophy*, de Jonathan Barnes (Harmondsworth, Penguin, 1987). Para el fragmento de Aristóteles sobre las ideas, véase *On Ideas. Aristotle's Criticism of Plato's Theory of Forms* (Oxford, Clarendon Press, 1993), de Gail Fine. Para su respuesta a Parménides, véase Timothy Clarke, *Aristotle and the Eleatic One* (Oxford, Oxford University Press, 2019). Sobre la metafísica de Aristóteles y, especialmente, sobre la idea de que el ser está conectado con la actividad, véase *The Activity of Being. An Essay on Aristotle's Ontology* (Cambridge, MA, Harvard University Press, 2013).

CAPÍTULO 2: ESTUDIAR LA NATURALEZA

Sobre las investigaciones de Aristóteles en Lesbos, véase *The Lagoon. How Aristotle Invented Science* (Londres, Bloomsbury, 2014), escrito por Armand Marie Leroi, un biólogo en ejercicio. Para una colección actualizada de estudios sobre las obras de Aristóteles sobre biología, véase Sophia M. Connell (ed.), *The Cambridge Companion to Aristotle's Biology* (Cambridge, Cambridge University Press, 2021). El renacer moderno del interés por las obras de Aristóteles sobre biología fue impulsado en parte por la publicación de Allan Gotthelf y James G. Lennox (eds.), *Philosophical Issues in Aristotle's Biology* (Cambridge, Cambridge University Press, 1987). Las obras de Teofrasto sobre botánica son *History of* [o *Enquiry into*] *Plants* y *Causes* [o *Explanations*] *of Plants*, ambas disponibles en la Loeb Classical Library publicada por Harvard University Press. [Hay trad. cast.: *Historia de las plantas*, Madrid, Gredos, 1988].

CAPÍTULO 3: UN ANIMAL RACIONAL

Puede encontrarse una exposición moderna clásica de la lógica de Aristóteles en Jan Łukasiewicz, *Aristotle's Syllogistic from the Standpoint of Modern Formal Logic* (Oxford, Clarendon Press, 1951). Sobre la influencia de las *Categorías* en la Edad Media, véase Lloyd A. Newton (ed.), *Medieval Commentaries on Aristotle's Categories* (Leiden, Brill, 2008). Sobre el problema de la batalla naval, véanse Christopher Shields, *Aristotle* (Londres, Routledge, 2007), pp. 181-191, y Richard Sorabji, *The Philosophy of the Commentators, 200-600 AD. A Sourcebook, Volume 2. Physics* (Londres, Duckworth, 2004), pp. 111-116.

CAPÍTULO 4: ANIMALES SOCIALES

Sobre la filosofía política de Aristóteles, véanse los ensayos de Marguerite Deslauriers y Pierre Destrée (eds.), *The Cambridge Companion to Aristotle's Politics* (Cambridge, Cambridge University Press, 2013); y, sobre la cuestión de la esclavitud, el ensayo de Pierre Pellegrin «Natural Slavery», en dicho volumen, pp. 92-116. Sobre la mujer en el pensamiento de Aristóteles, véase Sophia M. Connell, *Aristotle on Women. Physiology, Psychology, and Politics* (Cambridge, Cambridge University Press, 2021). Sobre el papel de Aristóteles como tutor de Alejandro Magno, tratado en el contexto más amplio de la vida de Alejandro, véase Robin Lane Fox, *Alexander the Great* (Londres, Allen Lane, 1973).

CAPÍTULO 5: LOS BENEFICIOS DE LA LITERATURA

Para una introducción a la *Poética* de Aristóteles, véase Stephen Halliwell, *Aristotle's Poetics* (Londres, Duckworth, 1986). Sobre el segundo libro perdido de la *Poética* de Aristóteles, véase Richard Janko, *Aristotle on Comedy. Towards a Reconstruction of Poetics II* (Londres, Duckworth, 1984), especialmente las pp. 63-69. Sobre otras formas en que Aristóteles puede ser relevante para el estudio de la literatura, véase Robert Eaglestone, *Truth and Wonder. A Literary Introduction to Plato and Aristotle* (Abingdon, Routledge, 2022).

CAPÍTULO 6: UNA VIDA BUENA

Para introducirse en la ética de Aristóteles, véanse J. O. Urmson, *Aristotle's Ethics* (Oxford, Blackwell, 1988); David Bostock, *Aristotle's Ethics* (Oxford, Oxford University Press, 2000); y Michael Pakaluk, *Aristotle's Nicomachean Ethics. An Introduction* (Cambridge, Cambridge University Press, 2005). En Amélie Oksenberg Rorty (ed.), *Essays on Aristotle's Ethics* (Berkeley, CA, University of California Press, 1980), se reeditan varios trabajos clásicos sobre cuestiones específicas.

CAPÍTULO 7: UNA VIDA DE INDAGACIÓN

Sobre la historia y organización del Liceo de Aristóteles, véanse *Aristotle's School. A Study of a Greek Educational Institution* (Berkeley, CA, University of California Press, 1972), de John Patric Lynch, y *Aristotle. His Life and School* (Princeton, Princeton University Press, 2013; original en italiano de 1991), capítulos 2-3. Los testimonios antiguos sobre la vida y la obra de Teofrasto están reunidos en William W. Fortenbaugh *et al.* (eds.), *Theophrastus of Eresus. Sources for His Life, Writings, Thought and Influence*, 2 vols. (Leiden, Brill, 1992). En Fritz Wehrli, *Die Schule des Aristoteles*, 10 vols. (Basilea, Schwabe, 1944-1959), pueden encontrarse recopilaciones similares de miembros posteriores del Liceo. La tradición de los comentarios antiguos se examina en Richard Sorabji (ed.), *Aristotle Transformed. The Ancient Commentators and Their Influence*, 2.ª ed. (Londres, Bloomsbury, 2016). Sobre la influencia posterior de Aristóteles, véanse, por ejemplo, F. E. Peters, *Aristotle and the Arabs. The Aristotelian Tradition in Islam* (Nueva York, New York University Press, 1968); Fernand van Steenberghen, *Aristotle in the West. The Origins of Latin Aristotelianism* (Lovaina, Nauwelaerts, 1955); Charles B. Schmitt, *Aristotle and the Renaissance* (Cambridge, MA, Harvard University Press, 1983); Craig Martin, *Subverting Aristotle. Religion, History, and Philosophy in Early Modern Science* (Baltimore, MD, Johns Hopkins University Press, 2014). Sobre Zabarella, Piccolomini y Galileo, véase Marco Sgarbi, «What Does a Renaissance Aristotelian Look Like? From Petrarch to Galilei», en *HOPOS. The Journal of the International Society for the History of Philosophy of Science*, n.º 7, 2017, pp. 226-245.

REFERENCIAS

INTRODUCCIÓN

Sobre el descubrimiento del emplazamiento del Liceo, véase David Blackman, «Archaeology in Greece, 1996-97», *Archaeological Reports*, n.º 43, 1996-1997, pp. 8-10. «Aristóteles es conciso...» es de Jonathan Barnes, en la introducción a *The Complete Works of Aristotle* (Princeton, Princeton University Press, 1984), vol. 1, p. xi. El apodo de Platón para Aristóteles, «la Mente», se recoge en *De Aeternitate Mundi* 211,25 Rabe, de Juan Filópono; también en *Vita Marciana* 7, recogida en Carlo Natali, *Aristotle, His Life and School* (Princeton, Princeton University Press, 2013; original en italiano de 1991), p. 157.

CAPÍTULO 1: LA VIDA CONTEMPLATIVA

«Todos los seres humanos desean, por naturaleza, conocer» procede de *Metafísica* 1.1, 980a21.

La historia de la pérdida y el redescubrimiento de las obras de Aristóteles se cuenta en la *Geografía* 13.1.54 de Estrabón. La frase de Heráclito «es imposible bañarse dos veces en el mismo río» se cita en el *Crátilo* 402a, de Platón. Sobre Crátilo moviendo el dedo, véase *Metafísica* 4.5, 1010a7-15, de Aristóteles. El «ser en cuanto ser» de Aristóteles procede de *Metafísica* 4.1, 1003a21-2; «el ser puede decirse de muchas maneras» procede de *Metafísica* 4.2, 1003a33 (véase también *Metafísica* 6.2, 1026a33-4). La cita «si no existieran las sustancias primarias...» es de *Categorías* 5, 2b5-6. Sobre los registros astronómicos babilónicos y egipcios, véase Simplicio, *In De Caelo* 117, 21-30 Heiberg. La anécdota sobre Tales procede del *Teeteto* 174a, de Platón.

CAPÍTULO 2: ESTUDIAR LA NATURALEZA

Sobre la distinción entre metafísica y física, véase *Partes de los animales* 1.1, 640a1-4. El pasaje «el cangrejo de río tiene dos dientes...» es de *Historia de los animales* 4.2, 527a1-8. Sobre las abejas, véase *La generación de los animales* 3.10, que también es la fuente de «los hechos no se han comprobado...» (760b30-32). La cita «en todas las cosas naturales hay algo maravilloso» procede de *Partes de los animales* 1.5, 645a16- 17. La cita «un cadáver tiene la misma forma y estructura que un cuerpo vivo...» es de *Partes de los animales* 1.1, 640b33-5. La idea que tenía Platón sobre la función se encuentra en *República* 352d-353e. Para un esbozo del atomismo de Demócrito, véase *Metafísica* 1.4, 985b4-20. El pasaje «si tuviéramos que definir una cama» es de *Partes de los animales* 1.1, 640b23-9. «Puede que el alma sea la forma de cualquier criatura viviente» es de *Partes de los animales* 1.1, 641a17-19. Para «el alma es algo así como el principio primero de la vida animal», véase *Acerca del alma* 1.1, 402a6-7. «El alma es la primera actualidad...» es de *Acerca del alma* 2.1, 412a27-8, y «lo que es ser un hacha...» es de *Acerca del alma* 2.1, 412b12-13. Sobre la causa final como «aquello por lo que ha ocurrido», véase *Física* 2.3, 194b32-3. «El albañil...» procede de *Partes de los animales* 1.1, 639b16-18, y el pasaje que le sigue es de 639b19-21. Sobre Empédocles y la evolución, véanse *Partes de los animales* 1.1, 640a19-21, y *Física* 2.4, 196a23-4; sobre Anaximandro, véase Plutarco, *Table Talk* 730d-f (traducido en Jonathan Barnes, *Early Greek Philosophy*, Harmondsworth, Penguin, 1987), pp. 73-74. [Hay trad. cast.: *Charlas de sobremesa*, Madrid, Gredos, 1984]. La argumentación de Armand Marie Leroi sobre las cuatro causas se encuentra en *The Lagoon. How Aristotle Invented Science* (Londres, Bloomsbury, 2014), p. 92. «El cuerpo, en su conjunto, debe de existir...» es de *Partes de los animales* 1.5, 645b15-20. «La función del ser humano...» es de *Ética a Nicómaco* 1.7, 1098a7.

CAPÍTULO 3: UN ANIMAL RACIONAL

Sobre el logos y el lenguaje, véase *Política* 1.2, 1253a7-18. El capítulo inicial de las *Categorías* es 1a1-15. Las diez categorías se enumeran en *Categorías* 4, 1b25-8. La cuádruple distinción entre palabras escritas, palabras habladas, pensamientos y cosas se encuentra en *Sobre la interpretación* 1, 16a4-9. «Nada impide que alguien diga que dentro de diez mil años...» es de *Sobre la interpretación* 9, 18b33-6, y el pasaje que le sigue es de 19a1-3. El párrafo «es necesario que lo que es, cuando es, sea...» es de *Sobre la interpretación* 9, 19a23-7. Las formas válidas de argumentación se detallan en *Primeros analíticos* 1.4-6. Aristóteles habla sobre el razonamiento dialéctico en *Tópicos* 1.1, especialmente 100a18-21. Sobre las pruebas deductivas y la ética, véase *Ética a Nicómaco* 1.3, 1094b11-27.

CAPÍTULO 4: ANIMALES SOCIALES

Sobre la afición de Aristóteles a la lectura, véase *Vita Marciana* 6, citada en Carlo Natali, *Aristotle. His Life and School* (Princeton, Princeton University Press, 2013; original en italiano de 1991), p. 157. Sobre los seres humanos como animales sociales, véase *Política* 1.2, 1253a2-3. La cita de Thomas Hobbes procede de *Leviathan*, capítulo 13 (Londres, Andrew Crooke, 1651), p. 62. [Hay trad. cast.: *Leviatán,* Madrid, Alianza, 2018]. El pasaje «consideran indefendible...» es de *Política* 1.6, 1255a9-11; el siguiente está en 1255b14-15. Sobre la percepción superior de la mujer, véase *Acerca del alma* 2.9, 421a23-6. Sobre que la comunidad es «anterior al individuo», véase *Política* 1.2, 1253a25-6. «No es un Estado conformado por hombres libres...» es de *Política* 4.11, 1295b21-3, y el pasaje que le sigue es de 1295b25-6. «Un joven no escucha de buen grado...» es de *Ética a Nicómaco* 1.3, 1095a2-8.

CAPÍTULO 5: LOS BENEFICIOS DE LA LITERATURA

Sobre el interés de Aristóteles por el teatro y la poesía, véase *Poética* 1, 1447a8-10. Sobre la imitación, véase *Poética* 3, 1448a28-9. Sobre los desarrollos añadidos por

Esquilo y por Sófocles, véase *Poética* 4, 1449a15-19. Sobre las líneas argumentales «en contra de lo previsto...», véase *Poética* 9, 1449a15-19; el ejemplo de «la estatua de Mitys...» se encuentra en 1452a7-9. Para la liberación emocional de la *catharsis*, véase *Poética* 6, 1449b24-8, y *Política* 8.7. La guía para guionistas mencionada es Robert McKee, *Story: Substance, Structure, Style and the Principles of Screenwriting* (Londres, Methuen, 1998), p. 5. Aristóteles dice que hablará de la comedia en *Poética* 6, 1449b21-2, y menciona la exposición del tema en su *Retórica* en 1.11, 1371b33-1372a2, y en 3.18, 1419b2-7. La *Poética* en dos libros aparece en Diógenes Laercio, *Vidas de los filósofos ilustres* 5.24. Los escasos comentarios de Aristóteles sobre la comedia en la *Poética* se encuentran en 1, 1447a13-16, y en 13, 1453a38-9. Habla sobre la virtud del ingenio en *Ética a Nicómaco* 4.8. Sobre la comedia que no causa dolor, véase *Poética* 5, 1449a34-7. Y, sobre la comparación de la poesía con la historia, véase *Poética* 9, 1451b4-6.

CAPÍTULO 6: UNA VIDA BUENA

La definición de Aristóteles «actividad del alma conforme a la razón» procede de *Ética a Nicómaco* 1.7, 1098a7. Las virtudes intelectuales se enumeran en *Ética a Nicómaco* 6.3, 1139b16-17. La tabla de virtudes y vicios se encuentra en *Ética eudemia* 2.3, 1220b38-1221a12. El pasaje «es también una hazaña ser bueno...» es de *Ética a Nicómaco* 2.9, 1109a24-30. «No es fácil definir mediante una regla...» es de *Ética a Nicómaco* 2.9, 1109b20-21. La máxima délfica «nada en exceso» se recoge en el *Car-*

mides 165a, de Platón. Este último se refiere al término medio en *República* 619a. Sobre el giro de Buda hacia el camino intermedio, véase *The Life of the Buddha*, de Ashvaghosha, traducida en *Buddhist Scriptures* (Harmondsworth, Penguin, 1959), de Conze, especialmente en las pp. 46-47. La frase de Confucio «el término medio es el bien supremo» procede de *Analectas* 6.29. Sobre la felicidad como actividad (y, por tanto, incompatible con el sueño), véase *Ética a Nicómaco* 10.6. Sobre la contemplación como la vida propia de los dioses, véase *Ética a Nicómaco* 10.7.

CAPÍTULO 7: UNA VIDA DE INDAGACIÓN

El comentario de Platón sobre Jenócrates y Aristóteles se recoge en *Vidas de los filósofos ilustres* 4.6. El uso de mapas por parte de Teofrasto también se menciona en Diógenes Laercio, en 5.51, al igual que la compra de los libros de Espeusipo por parte de Aristóteles, en 4.5. Sobre la necesidad del ocio, véase *Ética a Nicómaco* 10.7. Sobre Atenas pecando por segunda vez contra la filosofía, véase *Vita Marciana* 41, citada en *Aristotle. His Life and School*, de Carlo Natali (Princeton, Princeton University Press, 2013; original en italiano de 1991), p. 63. Sobre la enseñanza de Aristóteles en Calcis, véase Diógenes Laercio 10.1. Sobre la ayuda de Demetrio de Falero para asegurar la propiedad del Liceo, véase Diógenes Laercio 5.39. Francis Bacon afirma lo de «el conocimiento derivado de Aristóteles…» en William Aldis Wright (ed.), *The Advancement of Learning* 1.4.12 (Oxford, Clarendon Press, 1869), p. 37. Las citas de Piccolomini y Galileo proceden de Marco Sgarbi, «What Does a Renaissance Aristotelian Look

Like? From Petrarch to Galilei», en *HOPOS. The Journal of the International Society for the History of Philosophy of Science*, n.º 7, 2017, pp. 237 y 240. Sobre la «excesiva cautela» del filósofo griego, véase Richard Robinson, *Aristotle's Politics. Books III and IV* (Oxford, Clarendon Press, 1962), p. viii. Aristóteles dice que es más amigo de la verdad que Platón en *Ética a Nicómaco* 1.6, 1096a11-17.

Las traducciones de las citas proceden de las siguientes fuentes: Documenta Catholica Omnia <www.documentacatholicaomnia.eu>; Miguel Candel Sanmartín, <www.philosophia.cl>; Aristóteles, *Ética a Nicómaco*, Madrid, Alianza, trad. de José Luis Calvo Martínez, 2005.

AGRADECIMIENTOS

Doy las gracias a mi editora en Penguin, Casiana Ionita, por apoyar este proyecto, a Edward Kirke, por sus sagaces comentarios sobre el manuscrito, a Kit Shepherd, por su meticulosa corrección de estilo, y a todos los demás colaboradores de Penguin; ellos han contribuido a hacer realidad este libro. Cuando era un adolescente curioso y deseoso de aprender, prácticamente todos los libros que leí y que me iniciaron en el camino que aún hoy recorro eran libros de bolsillo de Penguin, asequibles y ampliamente disponibles. Pocas entidades han hecho más por abrir el mundo del aprendizaje a un público más extenso, así que estoy encantado de ser autor de esta casa, por tercera vez ya.

Como siempre, doy las gracias a mi esposa Dawn, que leyó el manuscrito final, como hace con casi todo lo que escribo, detectó numerosos errores que nadie más había notado y me escuchó con paciencia hablar de Aristóteles durante muchos meses.

También me complace enormemente dar las gracias a sir Richard Sorabji, uno de los aristotélicos más eminentes de su generación, quien, con la generosidad que le caracteriza, encontró tiempo para leer mi manuscrito a pesar de no disponer de tiempo debido a sus muchas otras exigencias. Su mirada experta ha dado a este libro un grado de precisión que de otro modo no habría logrado. Ha sido un gran privilegio haber trabajado con Richard en su proyecto dedicado a los comentaristas antiguos de Aristóteles de forma intermitente durante buena parte de las últimas dos décadas. He aprendido mucho de su ejemplo a lo largo de estos años y me he beneficiado, de muchas maneras, de su apoyo y orientación, que, en algunos momentos, han sido cruciales. Para Richard, pues, con sincera gratitud, es este libro.

ÍNDICE ALFABÉTICO